从新手到骨干

——幼儿教师专业成长故事

尹坚勤　编著

中国轻工业出版社

图书在版编目（CIP）数据

从新手到骨干：幼儿教师专业成长故事／尹坚勤编著．—北京：中国轻工业出版社，2017.12（2023.10重印）
ISBN 978-7-5184-1783-4

Ⅰ．①从…　Ⅱ．①尹…　Ⅲ．①幼教人员－师资培训－研究　Ⅳ．①G615

中国版本图书馆CIP数据核字（2017）第312000号

责任编辑：王慧超
策划编辑：高　君　　　　责任终审：张乃柬
责任校对：刘志颖　　　　责任监印：吴维斌

出版发行：中国轻工业出版社（北京东长安街6号，邮编：100740）
印　　刷：三河市鑫金马印装有限公司
经　　销：各地新华书店
版　　次：2023年10月第1版第4次印刷
开　　本：710×1000　1/16　印张：14.5
字　　数：137千字
印　　数：9001—11000
书　　号：ISBN 978-7-5184-1783-4　　定价：42.00元

读者热线：010-65181109，65262933
发行电话：010-85119832　传真：010-85113293
网　　址：http://www.chlip.com.cn　http://www.wqedu.com
电子信箱：1012305542@qq.com

如发现图书残缺请与我社联系调换

231737Y1C104ZBW

前言 用四季记录我们的专业成长故事

教师对时序的直接感受，莫过于季节的轮回交替。因此，记录教师的专业成长之旅，也可以以四季为序，细数发展时光。每一所幼儿园都有一棵教师专业成长的"大树"，它把根深扎在幼儿园管理文化与教师团队综合素养的土壤中，而它所需要的养分就是每一位教师长期坚持并为之努力的教育工作。

在幼儿园里，每天都发生着各种各样的故事。记录与讲述故事、倾听与分享故事，是幼儿教师教育生活的一种方式。故事记录着日常教育生活过程和教师对日常教育生活的理解。教师与幼儿的相互关系推动着成长故事遵循连续性原则和交互作用原则发展。记录与讲述故事，让幼儿与教师的生活能够被看见，使得生活中发生的事情得到了整合，突出了专业成长的显著特征，突显了有意义的抉择。倾听与分享故事，让教师理解了在幼儿园一日生活中自身的真正价值，看到了自己与幼儿的共同成长。因此，虽然故事中的文字略显质朴，情节、结构可能尚存可雕琢之处，但却是有温度、有生命的。

每一年、每一季甚至每一天，教师都通过探讨自己在幼儿学习与游戏活动过程中的种种表现编织着成长故事。幼儿教师的成长故事记录了教师的主动学习与探究过程，以及教师在教育实践过程中富有个性的审美情趣、情感体验与生活经验；记录了教师与幼儿在课程实践中遇到的各种问题及解决问题的过程，呈现了教师如何支持幼儿进行问题探究的过程。

无论故事的讲述者是谁，都是教师重新认识幼儿和自己以及进行教学反思的过程。"学与思""研与行"是幼儿教师的本色，"愤与悱"也是他们的本真回应。我们似乎无法区分文学故事、课程故事、幼儿故事与教师成长的边界,因为它们已经融为一体。我们似乎也难以评价是故事改变了教研实践、教研实践助力了教师的专业成长,还是专业成长提升了教师讲故事的水平。

专业成长故事反映了"真实的图像",原汁原味地呈现了教育活动和课程实践的全貌。鲜活的文字、图像、声音等可以使教师的深度反思得到加强和巩固。倾听、阅读故事的教师会感到这些故事似曾相识,仿佛就发生在自己身边,因而备感亲切、真实并且可以从中获得启示。

幼儿园里的专业成长故事带有探究性,记录的是教师思考问题、寻求解决途径的过程,是教师探究并实现自己专业自主和专业价值的过程。"峰回路转""蓦然回首"便是教师重新认识自己、幼儿、课程、环境等原点问题的表现。幼儿园里的专业成长故事带有质朴的实践性,蕴含着教师对实践的反思、领悟及重述故事时的再反思。这种"双重反思"使得教师在撰写故事的过程中重新认识教育,审视自我观念,促进自身观念的更新和教育经验的积累。

儿童蕴含着无限的发展可能性。他们是有能力的主动的学习建构者,儿童有着一百种语言。呼应儿童的发展,教师也就有了一百种的发展和成长。让我们记录和讲述自己的成长故事,倾听和分享幼儿园里真实发生的故事吧。这是一种职业使命的担当,是专业赋予的一种责任,更是幼儿教师专业发展所带来的幸福享受。这就要求我们拥有对幼儿园良好发展的期望,满怀对幼儿健康成长的期盼,充满对幼儿教师专业自主发展的期待。让我们带着欣赏的眼光与喜悦的心情,期待教师"成长之树"更加繁茂吧……期待每一位幼儿教师都能用心地实践、真诚地服务、自然地生活、愉悦地成长。只有这样,才能脚踏实地,一路前行;讲述故事,倾听欢歌,走在幼儿教师专业之旅的最前方。

本书的编写是集体智慧与实践的体现。其中,"春之篇"的主要撰写合作者是唐松梅(南京市第三幼儿园),案例素材提供者有南京市第三幼儿园的赵倩、杨佳佳、钟成珍、孙国群,南京市江宁示范幼儿园的崔玉;"夏之篇"的主要撰写合作者是吴彩萍(溧阳外国语学校幼儿园),案例素材提供者有溧阳外国语学校幼儿园的蒋君明、方莉华，南京军区联勤部机关幼儿园的杨鲁虹，淮阴师范学院第一附属小学幼儿园的杨凤芹，金湖县育才小学幼儿园的杨贵云；"秋之篇"的主要撰写合作者是张菊萍（张家港市梁丰幼儿园），案例素材提供者有张家港市梁丰幼儿园的许丽华、严留芬，金湖县闵桥镇中心幼儿园的陆喜平，南京市鼓楼幼儿园的陈静，靖江市第一实验幼儿园的唐翠萍；"冬之篇"的主要撰写合作者是朱丽华（扬中市文化新村幼儿园），案例素材提供者有扬中市文化新村幼儿园的郑洁、栾晓惠，南京市第一幼儿园的陆娴敏、周洁，无锡市硕放中心幼儿园的杨锦华。全书框架撰写、案例改编和统稿由尹坚勤完成。

由于时间仓促，如有粗疏、错漏之处，敬请各位读者批评指正。

尹坚勤　江苏第二师范学院学前教育学院

2017 年 12 月

目 录
CONTENTS

嫩蕊细开——开启幼儿教师专业起步之旅 / 001

1. 我能成为一名合格的幼儿教师吗 / 003
2. "现场招聘会"引发的职业思考 / 005
3. 在快乐阅读中培养阅读的爱好 / 013
4. 我与师傅之间的动人故事 / 020
5. 观摩式园本研训：关注教育细节 / 025
6. 体验式园本研训：关注教学活动设计要素 / 036
7. 观察幼儿：教师专业成长的基石 / 051

碧莲荷花——踏上幼儿教师专业提升之旅 / 063

1. 营造组织氛围：我与团队共成长 / 065
2. 学科教研组：我的组长我的组 / 071
3. "一课三议"式研讨：我的课大家上 / 079
4. "游戏化"研讨：教学研讨的快乐故事 / 085
5. 园际观摩：拓展专业发展的视角 / 093
6. 体验式家长沙龙：另类"家长会" / 102
7. "竞买生涯"活动：穿透"乌云"的一缕"阳光" / 108

红枫绚烂——迈向幼儿教师专业成熟之旅 / 113

1. 与幼儿对话：聆听幼儿的"声音" / 115
2. 与同伴对话：三人行必有我师 / 121
3. 与自己对话：打开"自我反思"之门 / 128
4. 与"专家"对话：感受心灵的"激荡" / 138
5. 主题式案例研讨：我的故事我来讲 / 146
6. 网络园本教研：搭建信息化教研的平台 / 155
7. 多样化反思："有意义"的教育生活故事 / 165

踏雪无痕——回首幼儿教师专业成长之旅 / 175

1. 职业生涯规划：教师专业成长的路标 / 177
2. 走出幼儿园，欣赏园外的风景 / 183
3. 教研"革命"：学习型组织理论的启示 / 192
4. 生态式管理：教师专业成长的平台 / 199
5. 讲述课程故事：给予幼儿自主学习的空间 / 206
6. 成长档案袋："工作和思想的博物馆"里的故事 / 212

参考文献 / 221

嫩蕊细开
　　——开启幼儿教师专业起步之旅

春，在不经意间悄然而至，深深浅浅的绿色染遍了世界，温煦、繁华而令人心醉。告别了校园的我，从恩师们温暖的目光中走出来，踏进一个充满孩童欢声笑语、富有童话色彩的"王国"。当我第一次听到孩子们喊"老师好"时，当我看到孩子们那一双双天真无邪、渴望知识的眼睛时，责任感、荣誉心在我胸中激荡，强烈而充满柔情，于是，我对自己说："我要做个好老师！"这是我内心深处发出的真挚的职业宣言。但是，在我真正步入工作岗位后，面对吵闹的孩子、琐碎的事务、自己教学能力的不足以及教育智慧的缺乏，我开始不断地质疑自己："我能成为一名合格的幼儿教师吗？我能胜任自己的工作吗？"庆幸的是，在师傅的带领下，在观摩教研活动的过程中，在体验式园本研训的熏陶下，在观察孩子、反思自己的教学后，我的质疑慢慢地消除了，我的专业发展之旅也随之起航了。

1. 我能成为一名合格的幼儿教师吗

在我的想象里，幼儿教师的美丽属于蹦蹦跳跳的青春：那一双双纤巧的手，奏出了欢快活泼的乐曲；那一张张甜甜的小嘴，诵读出了悦耳动听的童谣；那一个个灵活的身影，如花蝴蝶般飞舞在天真可爱的孩子们中间……带着对美丽的向往、带着对自身才华的自信、带着满腔的激情，我选择了幼儿教师这一神圣而崇高的职业，希望成为托起明天"太阳"的人。哪料想，第一次正式带班，我就遇到了不小的挑战。

那是一个特别晴朗的早晨，我怀揣着一颗兴奋而又忐忑不安的心踏进教室。随着一声声充满稚气的问好，不一会儿，教室里便拥进了几十个孩子。他们叽叽喳喳如出巢的小鸟闹个不停，似乎有说不完的话，而我就像一个"特号"新闻人物忙着接受各方"小记者"的采访，应接不暇。等我猛然想起自己的角色、想让他们安静下来时，我却怎么也找不到老师的威严。课堂上，孩子们小动作频繁，注意力分散。我屡次制止，但是效果并不明显。我有点慌了，准备了多日的教案在眼前模糊成一片……终于熬到下课了，我第一个逃似的离开了幼儿园。回到家便倒在床上，脑袋里嗡嗡作响，只感到疲累而无助。初次带班的经历让我感受到，幼儿教师的工作并没有自己想象得那么轻松容易。

等到正式走上工作岗位后，我的这种无助感非但没有消失，反而愈加严重。我所在的这所幼儿园是一所省级示范园，这里藏龙卧虎、人才济济。我深刻地感到自己无论在业务水平还是教育科研能力方面都还处于稚嫩的阶段，和园里那些具有娴熟的教育技巧和灵活的教育机智的教师相比，我犹如一个蹒跚学步的幼儿，难以望其项背，加之日常的教学工作冗长而琐碎，这所有的一切都在不断地消磨着我曾经的棱角与自信。面对这巨大的差异，我感到了深深的失落。对于"老师"这个伟大的称谓、这份职责、这份使命,我困惑了、迷茫了。我放大了自身的所有不足,看不到自己的一点优势,我开始怀疑:"我能成为一名合格的幼儿教师吗?我能胜任幼儿教师这份工作吗?"

现在想来,很多幼儿教师在入职阶段可能都经历过和我类似的困境。在这个阶段,我们最为忐忑也最为在意的是,自己能不能适应新的环境,能不能管理好孩子们,同事会不会接纳自己,领导会不会认同自己。一旦在这些方面遭遇挫折,这些挫折给我们带来的破坏力之强,是我们难以想象的。

然而,正当我低落、迷茫的时候,幼儿园举行的一次"现场招聘会"活动,让我对"幼儿教师"这个职业、对自我有了全新的认识。

2. "现场招聘会"引发的职业思考

活动名称 ▶▶▶

现场招聘会——我们需要什么样的幼儿教师?

策划、主持兼招聘人 ▶▶▶

J & Z

角色扮演 ▶▶▶

Q——孕妇；G——卫校毕业生；L——外园教师；T——下岗工人；D——博士生

活动背景 ▶▶▶

我园将在某小区开办分园，急需一批幼儿教师。前一段时间，我园在自办网站上公布了相关的招聘需求，前来应聘的人络绎不绝！他们来自不同的岗位，带着不同的想法，走进了招聘会现场！

活动过程 ▶▶▶

在简单介绍了本次招聘教师的目的和意义后，两位主持人继续说道："作为一所省级优质幼儿园，为了适应社会的发展，我们园需要多样化的教师人才，他们必须具备基本的教师职业素质。根据网上报名应聘的情况，选择几位今天前来见面洽谈。"

一、与个别应聘者见面

（一）身怀有孕的准妈妈前来应聘

准妈妈一边走进现场一边抚摩着肚子自言自语地说："幼儿园在招聘教师，听说现在的孩子上一家好一点的幼儿园，光是赞助费就要一万多块钱，再加上每个月的学费，还真是一个可观的数字。如果我能应聘上，以后孩子上自己任教的幼儿园能省不少钱呢；如果老师再给照顾照顾，那岂不太划算了！"准妈妈边想边说边掐指计算着，越想越开心。

招聘教师：请问你以前是做什么工作的？

准妈妈：过去我主要是在家里写写东西，算是个作家吧。

招聘教师：那你为什么选择在这个时候来应聘呢？

准妈妈：自从怀孕之后，我越来越喜欢孩子了。别看我有身孕，我可是很灵活的，什么事情都能做，这一点你们不用担心。

招聘教师：你认为作为一名幼儿教师最重要的素质是什么？

准妈妈：那当然是有一颗爱孩子的心喽（边说边从怀中掏出一张画有爱心的纸放在胸前）。

招聘教师：谢谢你来应聘，请等候我们的通知。

（二）刚从卫校毕业的学生前来应聘

招聘教师：听说你刚从卫校毕业，护士是一个很好的职业呀，为什么要来幼儿园应聘教师呢？

卫校毕业生：护士确实是一个很不错的职业，但是，我觉得护士整天面对的都是病人，而幼儿教师每天面对的是一群活泼可爱的孩子，在这样的环境中工作一定能够保持愉快的心情，而且现在教师职业也越来越得到社会的重视和认可了，这就是我选择做幼儿教师的原因。

招聘教师：你认为你的优势在哪里呢？

卫校毕业生：在卫校，我学习过有关幼儿护理的知识。在幼儿园里，我会充分运用自己所掌握的理论知识，科学护理好每一个孩子。这就是我的优势所在吧！

招聘教师：你认为作为一名幼儿教师最重要的素质是什么？

卫校毕业生：我认为应该是肯吃苦的工作态度。只要认真、踏实地对待工作，就没有做不好的事情。

招聘教师：谢谢你！

（三）外园教师前来应聘

一名年轻漂亮、打扮时髦的女士边走边和朋友打电话："好了，你一会儿在老地方等我，我马上要到幼儿园去参加一个招聘会，过会儿见吧！"

招聘教师：你现在就是一名幼儿教师，为什么要放弃现在的单位到我们这里来呢？

外园教师：我现在所在的幼儿园只是一家普通幼儿园，而你们幼儿园却是一家省级示范园，这还是有差距的。在这里工作，我想我会有更多的机会发展自己的事业。人当然都往高处走了！

招聘教师（上下打量她时髦的装扮和脚上的高跟鞋）：你打扮得挺漂亮的哦！

外园教师：哦，我平时喜欢把自己打扮得漂漂亮亮的，这样孩子们都喜欢和我在一起。哦，不过请老师们放心，在工作的时候，我绝对会注意打扮的方式，掌握分寸的。

招聘教师：你认为幼儿教师最重要的素质是什么？

外园教师：那当然是要漂亮喽。现在的孩子都喜欢漂亮的老师，连家长都喜欢把自己的孩子放在长得漂亮的老师的班级呢！

招聘教师：好，谢谢你来参加招聘会！

（四）下岗工人前来应聘

一名下岗工人边走边说："唉！以前好好的单位倒闭了，总不能老在家里待着吧。听说这家幼儿园在招聘教师，这家幼儿园好啊，我们那里有好多孩子都是从这家幼儿园毕业的，他们都说这里的老师好，伙食也好。我想，去应聘个保育员当当还是不错的。"

招聘教师：你好，你以前是做什么工作的？

下岗工人：以前我所在的单位是生产冰箱的，想当年我们厂效益好的时候,大家都要凭票才能买到我们厂生产的冰箱,但是现在倒闭了,我也下岗了。我真羡慕有工作、有单位的人呀,听说你们这里在招聘,我想,来当个保育员还是应该可以的。

招聘教师:我们是一家全托幼儿园,保育员工作很重要,但也很烦琐、很辛苦,尤其上早班的保育老师,早上6点45分就要来园,你觉得你能胜任吗?

下岗工人:这你们就尽管放心好了,以前我什么苦没有吃过呀,这点辛苦算什么呢!现在,我只要有一份工作就心满意足了。

招聘教师:你认为幼儿教师最重要的素质是什么?

下岗工人:那当然是要有耐心、能吃苦了。孩子那么小,什么都不懂,需要老师耐心地和他们讲道理呀!

招聘教师:谢谢你来参加我们的招聘会!

(五)博士生前来应聘

一名戴着眼镜的博士生,边走边看书地来到招聘现场。路上,他不小心撞到了周围的行人,于是很不好意思地跟人家道歉。

招聘教师:听说你是一名博士生,你有那么高的学历,为什么选择来应聘幼儿教师呢?

博士生:以前,我主要是从事幼儿教育理论方面的研究。现在,我深切地感觉到理论与实践之间还是有差距的。所以,我想多积累一些实践经验来充实自己所从事的研究工作,以便将来推广我的研究成果。

招聘教师:如果你是一名幼儿教师,你如何向孩子解释雨是怎样形成的呢?

博士生:这个问题嘛,说来话就长了。我们已经知道,云是由许多小水滴和小冰晶组成的,雨滴和雪花就是由它们增长变大而成的。那么,小水滴和小冰晶在云中是怎样增长变大的呢?在水云中,云滴就是小水滴。它们主要是靠继续凝结和互相碰撞并合而增大的。因此,在水云里,云滴要增大到雨滴的大小,首先需要云很厚,云滴浓密,含水量多,这样,它们才能继续凝结增长;其次,水云里还需要存在较强的垂直运动,这样才能增加多次碰撞并合的机会。在比较薄的和比较稳定的水云中,云滴没有足够的凝结和并

合增长的机会，因此只能引起多云、阴天的天气，不大会下雨。我说得够清楚吗？（现场老师一阵笑声）

招聘教师（你看看我，我看看你，无奈地摇摇头）：那你认为幼儿教师应该具备的最重要的素质是什么呢？

博士生（推推自己的眼镜）：那当然是学识渊博喽！俗话说，给孩子一杯水，自己就要有一桶水。

招聘教师：谢谢你前来参加我们的招聘会，请等候我们的通知。

二、了解应聘人员对工资待遇的要求

招聘教师：刚才我们已经和各位见过面了，现在我们想问一下大家对工资待遇的要求。

准妈妈：我想一个月能有两三千吧。

卫校毕业生：我刚从学校出来，我想现在最重要的还是适应工作、适应社会、多积累工作经验，工资能有1000块钱左右就可以了。

外园教师：我以前所在的那家普通园工资一个月只有1000元，你们这家幼儿园和我以前工作的幼儿园相比，级别上至少上了三个台阶，工资也应该至少翻3倍吧。

下岗工人：我现在觉得能有一份稳定的工作是最重要、最幸福的，只要你们需要我，工资方面我没有过多的要求！

博士生：我在国外的时候知道那里幼儿教师的收入是很高的，但是国内对幼儿教师的重视程度还远远不够，达不到国外的工资水平。我个人认为，一个月应该不少于五六千吧。但是，我的目的主要还是积累实践经验，即使没有高薪我也会考虑的。

三、采访现场教师

（一）采访教师代表：W老师和Y老师

主持人：看了刚才的面试过程后，你对教师所应具备的基本素质有什么看法呢？

W老师：记得刚从学校毕业的时候，我和那个卫校毕业生的想法是一样的。在工作多年后，我就很能够理解那位外园老师的想法，在事业发展中，如果有更好的机会，我也同样不会放弃。在工作中，我同样也感觉到教师形象的重要性，一名优秀的教师应该既受家长的欢迎又受孩子的喜爱！

Y老师：我认为，如果把前来应聘的人的优点整合起来，那就是一个教师所应具备的基本素质：态度诚恳、工作认真、有爱心、有专业素质、有学识、长得漂亮。我最欣赏的是他们每个人面对招聘老师都能如实表达自己内心的想法，所以我外加一条：一名教师所应具备的基本素质还包括诚实！

（二）采访保育员代表：F老师和M老师

主持人：请问两位老师，通过刚才的招聘活动，你们对教师的素质要求有什么想法呢？

F老师：我为那位下岗工人的行为所感动。因为她感受过在社会中失去工作的压力，所以，我想，取得这份工作后，她一定会倍加珍惜。我们需要的老师应该是懂得珍惜自己这份工作的人！

M老师：现在，幼儿园的保育工作已经走向了规范、科学。有护理知识的人是我们最需要的，这样，他们在保育工作中也能够指导我们。

（三）采访K园长

主持人：对于刚才各位应聘者的回答及其想法，您能接受吗？

K园长：我认为，尽管刚才的应聘者来自不同的岗位，但是他们基本具备幼儿教师的基本素质。我认为，幼教工作应该适应社会的发展，作为社会人，我们每个人都可以有不同的价值取向，在工作方面也都有实现自我价值的需要。他们能够把自己内心的想法坦诚地表达出来就很好。我能够理解他们应聘时的心情，并且能够接受他们的想法。

四、我们需要的是什么样的幼儿教师

主持人J：一场小小的招聘会，其实就是一个社会群体内心活动反映的过程。尽管我们在座的各位老师当初来幼儿园工作的动机不尽相同，但是入职教育（幼师学习）培养了我们作为教师应该具备的基本素质，使我们具备了成为一名合格幼儿教师的前提，让我们有机会成为一名优秀的幼儿教师。

主持人Z：那么，幼儿教师应该具备的基本素质是什么呢？（大屏幕出现字幕）

- 较高的政治思想觉悟和高度的事业心。
- 广博的科学文化知识和良好的语言文化修养。
- 较好的艺体教学及组织幼儿艺体活动的能力。
- 通晓幼儿教育科学理论和各种课程的教学技能。
- 良好的个性心理品质：性情稳重、大方，活泼开朗，为人和气，情绪稳定；办事认真、耐心、细致，具有较强的观察力，能及时发现问题和解决问题；意志坚强，能吃苦耐劳，勇于克服困难。
- 优秀的道德品质和良好的文明礼貌行为习惯：品行端正、诚实勇敢、勤劳朴实、尊老爱幼、乐于助人、大公无私、堪为师表；生活习惯健康，行为举止、待人接物文明有礼，并且以身作则为幼儿做出表率。

主持人J：幼儿园的发展需要我们在座的每一位老师的努力，只有这样才能够创造出更加灿烂辉煌的明天！今天的学习活动到此结束！

本次学习的主题是：我们需要什么样的幼儿教师？这是一次生动有趣的学习活动，充分展示了幼儿教师的才情，是幼儿教师集体智慧的结晶。整个"招聘会"的过程充满了笑声，老师们通过对不同角色的幽默演绎，生动地展现了不同生活背景、不同年龄层次的人对工作的需求和对生活的渴望，让教师在游戏中、在角色替换中反思自己的职业形象，反思自己与他人、与集体的关系。这些都促使刚参加工作的我对自己以及集体的发展进行思考：

首先，要学会正确地认识自己和他人。对照教师的职业素质要求，我感到自己还是具备做幼儿教师的基本素质和能力的。虽然还有一定的"距离",但是有"距离"并不可怕,有"距离"才有进步的空间。每个人都有自己的长处,如果我能够从他人身上汲取有益于自身发展的素养,不也是一种很好的完善自我的途径吗?

其次,要学会正确地看待并懂得珍惜自己的工作。那名下岗工人对工作的期盼和渴望,无形中给我敲响了警钟。要知道,社会上不知有多少人羡慕我今天这份稳定的工作,我要珍惜现在拥有的!同时,我又不能将稳定作为庇护自己不求发展的护身符!曾经优秀的幼师学习成绩只是我专业发展道路的起步。生存与学习是人类生命的两大主题,也是此时我要面对的两大主要任务!

最后,我深深地体会到:集体的利益是至高无上的,个人的发展和集体的发展是息息相关的。

脚下的路还很长。在路的前方,我必然还会面对若干困难和挑战,是望而却步还是全力以赴?我选择后者!这种选择突然间让我有了一种动力,它激励着我在今后的专业发展道路上,不断地垒石阶,向前走;再垒,再向前走!

春季里的这次活动记录下了专业萌芽的我在社会角色、认识角度以及价值取向方面的转变过程。这连续性的转变,让我在今后的工作中,在保持最初的那份热忱与憧憬的同时,平添了一份沉稳与淡定,更加游刃有余,更加坚定信念!

3. 在快乐阅读中培养阅读的爱好

苏联教育家苏霍姆林斯基在他的《给教师的一百条建议》一书中给我们举了这样一个例子：一位有 30 年教龄的历史教师上了一节公开课——苏联青年教师的道德理想。所有参与听课的领导和教师都听得入了神，他们完全被课堂吸引住了，连做记录都忘了。课后，邻校教师认为，这位历史教师课堂上的每句话都具有极大的感染力，特地向他请教并问他用了多长时间来备这节课。这位教师说："这节课我准备了一辈子。总的来说，对每节课我都是用终生的时间来准备的。不过，我为这节课所做的直接准备或者说现场准备，只用了大约 15 分钟。"用终生的时间来备每节课，这种准备就是读书，每天不间断地读书，为思想的大河注入涓涓细流。

从中，我窥见了一些教育技巧提高的奥秘。我想，一些优秀教师之所以有高超的教育技巧，这与他们持之以恒地读书、不断地补充知识是密不可分的。苏霍姆林斯基曾说："衬托着学校教科书的背景越宽广，犹如强大光流照射下的一点小光束，那么，为教育技巧打下基础的职业质量的提高就越明显，教师在课堂上讲解教材（叙述、演讲）时就能更加自如地分配自己的注意。当教师的知识视野比学校的教学大纲宽广得无可比拟的时候，教师才能成为教育过程中真正的能手、艺术家和诗人。"

独自品茗书香

要想使自己尽快地成长起来，要想提升自己教育技能"内存"的质量，除了参加幼儿园组织的丰富多彩的学习活动外，读书是最有效的手段，也是幼儿教师自我培训的一种重要方式。当我们洗涤了白日里的一身尘埃，泡上一杯清茗，在茶香袅袅的氛围中，浸润在书香世界里，陶醉在文学境界里，不也是非常快哉的一件事情吗？

但是，一个人的精力毕竟是有限的，兴趣是有范围的，因此，我们在读书时也应该有选择地读。那么，我们应该读些什么样的书呢？

我们的教育对象是幼儿，他们虽然年龄小，但绝不是一张白纸，他们有自己的世界，有与我们成人不同的思想、行为与情感表达方式。所以，我们要想教育他们，要想与他们进行很好的互动，就必须了解他们当下的思维活动和心理需要，这就要求我们必须去读专业文献，去读诠释儿童发展的经典著作，如《儿童心理学》《儿童的秘密》《儿童的一百种语言》等。

另外，现在幼儿家长的学历、素质也越来越高，孩子从父母那里获得的知识、经验也越来越多，有些爱思考、爱探索的孩子已不满足于被动地听，他们经常会提出一些"稀奇古怪"的问题，把教师问得目瞪口呆。例如，蟋蟀为什么总在秋天唱歌？苹果会从树上掉下来，星星为什么不会从天上掉下来呢？……可见，除了读有关儿童教育、儿童心理学的专业书籍之外，我们还要拓展阅读范围，科普类、人文地理类等报刊便是极佳的选择。

重要的是，我们读书并不仅仅是为了应对今天的问题或是明天的课，而是出自内心的需要和对知识的渴求。教师的学习是其专业成长的基础，是借助外力在自己原有知识基础上的不断探索、研究、验证，不断吸收同化各种新信息，从而建构、整合成自己的教育理念并形成教育能力的过程。所以，我们要把读书当成自己的第一精神需要，静心地去读，深入地思考、研究儿童及其成长的特点，使理论与实践相结合，努力探索与解决教育实践中的问题，从而能够更理性地认识自己的教育实践、提升教育的合理性。读书给予我们的不仅仅是知识，还有很多、很多……

共读"漂流书"

不过,我更加喜欢与同伴们一起采用有趣的方式读书。"漂流书"就是其中的一种。说到"漂流书",要追溯到20世纪60年代的欧洲。那时,人们将自己闲置而又不舍得卖掉的书籍放在公共场所供路人阅读,路人可以将这些书带走,等看完后再放到某个地方以供下一个人阅读。如今,越来越多富有想象力的书友在投放"漂流书"活动的过程中设定了自己的规则,使图书的"漂流"变得更加丰富多彩。在我们幼儿园15位年轻教师之间,就有这样一本承载着大家不同视角、不同思想的"漂流书"——《致加西亚的信》。

《致加西亚的信》讲述了美西战争期间一个真实的故事。美国总统急需求得在古巴丛林中反抗西班牙军队的起义军首领加西亚的合作。然而,没有人确切地知道加西亚到底在哪里。有人对总统说:"一个名叫罗文的人有办法找到加西亚,也只有他才找得到。"于是,总统把罗文中尉找来,把致加西亚的信交给他。尽管罗文也不知道加西亚在什么地方,但他接过这封信,什么也没有说就出发了。三个星期之后,他徒步走过一个危机四伏的国家,历尽波折,凭借自身的智慧和勇气终于找到了加西亚。

这本书犹如一叶扁舟,航行于15位年轻教师之间,一次次地停泊在这15个"港湾"里,而每一次的停泊都会载入一个人的思想和他对这本书的解读。在这本书"漂流"的初始,曾有年轻教师认为,这只是一本管理者应该阅读的书。随着"漂流"的深入,大家对这本书中提到的三个词——敬业、忠诚、勤奋,或是赞同,或是否定,或是争论。15位年轻老师都有各自不同的视角和不同的解读。那么,现在我就邀请你乘上《致加西亚的信》这叶小舟,随我们一起去"漂流"吧!

当这叶小舟行驶过四分之一路程时，书中有这样一段话："一个人无论从事何种职业，都应该尽心尽责，尽自己的最大努力，求得不断的进步。这不仅是工作的原则，也是人生的原则。"这段话在"漂流"的过程中被人用波浪线加以强调，对应的空白处还有几段批注：

第一段批注是这样的："世上不如意事十之八九，既然选择了就要全身心地投入，给自己一个机会去创造价值吧。"

"漂流"后不久，就有这样一段批注紧跟其后："完全同意楼上的说法。在现实生活中，人们确实有许多无奈，有谁能保证现在做的事就是自己最擅长、最乐意的事呢？但如果都能做到干一行爱一行，那就问心无愧了。"

又不知"漂流"了多久，紧随其后出现了一段新的批注："干一行不仅仅是尽力就行，如果对工作不能做到热爱和享受，那我们工作起来会很累，而如果热爱这一行并且享受这一行，虽累却快乐！"

随着"漂流"活动的深入，我看到的不是读者一人的观点，而是同一观点的不断深化以及不同观点的相互碰撞。我想，从第三位年轻教师的批注中，不难看出她提笔写下这句话的时候，脑海里一定浮现出自己热爱的幼教事业。是呀，世事都以热爱和享受为基础，以心理满足和行动快乐为目标，这不正是我们对人生的一种美好追求吗？通过一次次的"对话"，一段又一段平面的文字逐渐变得丰富而立体起来。

当这叶小舟行驶过三分之一路程时，书中出现了更多有意思的符号和对话。在一次"漂流"过程中，有一位年轻教师把"不会提任何愚笨的问题"中的"愚笨"一词用双线标出，并加注了一个问号和这样一段话："请问怎样判断哪些问题是'愚笨'的，哪些问题是'聪明'的？"

细细品来，也许这是一位刚参加工作不久的年轻教师涉世不深的困惑。

不久，在她的问题下面就有了这样的回答："也许不经大脑思考过的问题是'愚笨'的。有些自己能解决或者太没深度的问题就不必提了。"

这段话虽然浅显直白，但是给出了很清楚的答案。

当这叶小舟行驶过二分之一路程时，一段由书中文字所引发的不同观点的碰撞使这叶小舟的航行日志变得丰富多彩、激情澎湃起来。那段文字是这样的："如果他付给你薪水，解决你的温饱，那就努力地为他工作——称赞他，感激他，支持他的立场，站在他和他所代表的机构一边。"

结果，阅读此书的年轻教师站在各自的角度上就这一观点争相发表评论：

有的老师写道："是，他付的薪水不少，可是那钱难道是他创造出来的？那份薪水不过是员工创造的价值减去剩余价值的产物。因此，解决我温饱的不是别人，而是我自己。应该感激老板的是，他给了我们一个展示自己、创造价值的机会。换言之，如果我是老板，我更感激我的每一位员工。试想：如果没有他们，老板会怎样？所以，老板是不是也应该称赞员工、感激员工给他创造财富，让他成为一个'老板'？"

有的老师写道："我倒认为老板是值得感激的。试想：如果没有展示才华、创造价值的机会，你要怎样解决自己的温饱问题？把心放宽些，因为'千里马'也是需要'伯乐'的。"

还有的老师写道："我认为不是为'某人'工作，而是为大家共同的目标——'园荣我荣'而工作。试想：如果幼儿园不存在了，也就意味着我们要失业了。说白了，我们其实是在为自己工作。为什么要说是为'某人'而不换个角度看问题——是为自己呢？！"

由此可见，每个人所处的位置不同，对生活及人生的价值取向和看法也会大相径庭。

当《致加西亚的信》这叶小舟在"漂流"中完成它的航行之后,书页的空白处已满是我们15位年轻教师充满个人色彩的解读。这样的解读不仅是基于对书中文字的理解,更是基于对生活以及教师职业的一种理解,这样的解读丰富了此书流传100多年来蕴藏其中的内涵,让这本原籍美国、流传于世界的书更富有中国的人文特色,增添了每一名解读者的个人特色。书中的思想也通过一次次的"漂流"变得丰富、生动和立体了。

从标注的文字中,我们发现,确实也存在着极少数将自己的不成功归咎于现实社会的人。对于现代的年轻人来说,社会中的"变化""创新""成功"这些字眼,也许会让他们有错误及浮躁的理解,导致他们产生不切实际、投机取巧、不劳而获的想法。

而这次的"漂流书"活动,让我们通过"漂流"形式的资源共享、标注形式的思想碰撞,明确了年轻教师作为一名"职业人"需要具备的对所从事职业的忠诚、敬业、自信和钻研精神。这种"忠诚"和"敬业"并不是指对上级溜须拍马,惺惺作态般地做表面文章,而是由内心及行动表现出对自身职业的强烈责任感和对事业的高度忠诚;是在没有人要求和强迫的情况下,自觉而出色地做好本职工作的态度;是掌握自己职业领域的所有问题,让自己比他人更加精通的一种决心和能力。这些良好的品质让专业成长中的年轻教师们能够准确地进行自身定位,以明确自己的专业成长目标。

合上这本书的时候,我的脑海里也在思考:作为年轻教师的我能成为像罗文中尉一样的送信人吗?他那种不屈不挠、忠诚于自己国家、为自己国家尽心尽力的精神,就像春天的雨露一般滋润着我的心田。在工作中,只有具备了这种忠诚的品质,我们才会以园为家,真正以主人翁的心态关心幼儿园的发展,为幼儿园的发展贡献自己的力量。只有具备敬业的精神,我们才会全力以赴地投入到本职工作中去。

回望幼儿园的老一辈工作者,他们始终不渝地坚持着忠诚、爱岗敬业的精神一路走来,才创造了幼儿园今天的业绩。如今,当建设幼儿园美好未来的重担落在我们这些年轻人的肩上时，我深深意识到：那种对幼教事业的忠诚，对专业知识、技能不屈不挠的钻研精神是我们多么不可或缺的品质呀！我问自己：我是否真的走在前进的道路上？我是否仔细研究过每个教学活动的细节问题？我是否能让教学活动中的指导策略更加有效？在进行教学活动设计时，我是否既考虑了"做什么"，还考虑了"为什么做"和"怎么做"的问题？

我想，我需要做的事情还有很多。但是，只要我永葆罗文中尉那种不屈不挠、忠诚于事业的敬业精神，用不断的反思来鞭策自己，那么在不久的将来，我也可以成为平凡岗位上的一位"送信人"！

4. 我与师傅之间的动人故事

在今天的任何一个组织中，个人主义正被团队的力量消磨殆尽。作为一个"刚刚上路"的幼儿教师，我坚定了自己的选择，也更加了解自己的成长需要：我渴望融入自己所在的工作环境中，渴望在工作上能得到良师益友的帮助和扶持。这种心情犹如孕育中的花蕊渴望得到雨露的滋润、枝头嫩绿的幼芽期盼获得春雨的哺育一样迫切。这一天终于到来了——"我们共同成长，拜师结对活动"为年轻教师的成长带来了一场及时雨。

拜师结对活动，是指幼儿园指定园里修养好、教学经验丰富的骨干教师作为年轻教师的指导教师，请他们着重在教学实践中给予年轻教师精心的指导，帮助年轻教师尽快适应工作岗位，同时，帮助部分年轻教师实现由经验型、模仿型向理论型、研究型的转化。

拜师结对仪式

在拜师结对仪式开始之前，我们几个年轻老师被分派了一项"神秘"的任务——发挥想象力，用彩色丝巾折出各种造型。当时，我真是感觉一头雾水，不知道这么做的目的是什么。等所有老师都到齐，我们也折完之后，主持人才揭晓了谜底：原来，这是拜师前的"入门考试"，折出来的丝巾是要作为礼物送给师傅们的。

等正式拜师的时候，在拜师结对的现场，我以一曲改编的歌舞《小蜜蜂》"征服"了我的三位师傅，而师傅们当时的谆谆教导到现在还时刻回响在我耳边："每个孩子都是上天赐予我们的最美的礼物！愿我们能爱每一个孩子，就如同他们是我们自己的孩子一般！让我们用博大的爱心和丰富的智慧，去发掘隐藏在他们内心深处的宝藏！让我们用接纳的胸怀、包容的眼神和鼓励的言语去点燃他们的心灵之灯。"

拜师以后，大家在"责任书"上慎重地签上自己的姓名：师傅们表示会无私奉献，徒弟们表示将虚心向师傅求教，不懈努力。最后，在庄严而感人的气氛中，大家举起右手高声诵读《教师誓词》，以此表达自己对教师岗位的认真负责、对教育事业的忠诚。

在园里给我安排的三位师傅中，一位是邻班的 B 老师。B 老师在一线工作多年，是我们园里的教研骨干，她举止温文尔雅、思维机智敏捷、教学组织周详细致。她会定期地观看、指导我的教学活动。另外两位是与我同班的 G 老师和 K 老师，她们会随时帮助我改进工作中的不足。三位师傅针对我在日常教育教学活动中出现的问题——大到每一个教学环节的时间把握、每一个教学活动的设计安排、每一个教学策略的适用时机，小到每句指导语、每个手势及每个站位的要求——给予我及时的指导。

挑战师傅的"下马威"

拜师结对仪式后，我面临的第一个问题就是，怎么向师傅学习。那时候，自己年轻气盛，认为师傅虽然是权威，但是自己接受的知识更新，教育方法也更加科学，所以有时候不免要小小地"挑战"一下师傅的权威。

B 老师不仅是我结对的师傅，还是全园教师业务上的"领袖"。她个子娇小，精明能干，伶牙俐齿。她还很会打理自己的工作和生活，当别人忙得"七荤八素"的时候，她早已不慌不忙地做好了所有事情，并已经开始着手准备下一步的工作。我对她是既敬佩又敬畏。

参加工作不久后的一天，我被临时派到 B 老师班（小班）帮忙（该班的另一位老师病了）。一想到要在这么强势的老师面前工作，我就感到既兴奋又紧张。兴奋的是，我终于有机会可以好好地在 B 老师面前展现一下自己的实力；紧张的是，不知道B老师会不会"出难题"考我。如果我表现不好，她会不会批评我呢？

等到下午轮到我带班的时候，B老师对我说完"待会儿你带他们玩玩桌面玩具就行了"就去忙自己的事情了。咦，看来是要给我个"下马威"啊！不过也没什么可怕的，我正好趁这个机会让你看一下我的才华。对于那种每个孩子人手一件玩具玩半天的做法，我早就一肚子意见了：既然是玩，就应该让孩子们痛痛快快地玩。《幼儿园教育指导纲要（试行）》不也说"要让幼儿在集体生活中感到愉快"吗？

于是，我找出了班里所有的桌面玩具，每组一大筐分配给他们。孩子们从来没受过这样的"待遇"，他们像看见了大蛋糕一样一拥而上，拼命把玩具往自己面前拨，玩具筐也被几双小手同时勾住，随时面临分崩离析的危险。我不得不整顿秩序让小家伙们逐渐安静下来，可这种安静持续了不到1分钟，整个教室又陷入一场"抢夺玩具"的混战中，尖叫声、告状声不绝于耳。我深知，混乱的状态很容易给孩子们带来安全隐患，于是，一向斯文且主张对待幼儿要和蔼可亲的我不得不一再提高嗓音，试图让孩子们安静下来，可效果并不明显。

就在我将要歇斯底里时，B老师来了。她一言不发，只是轻轻地走到孩子们面前，把桌上的玩具筐一一搬走，每桌孩子面前只留下六七个颜色相同的插塑玩具。不一会儿，孩子们就开始安安静静地玩起来。哎，真神了！如释重负的我在佩服得五体投地的同时，也感到深深的惭愧：自己只考虑到孩子们的心理需求，却忽视了他们在这个年龄段的心理发展特点。

后来，当我跟B老师熟悉后，我又问及她对"玩具事件"的看法，她的回答让我茅塞顿开。她说："对于小班刚入园的孩子来说，我们给他们太多的选择，他们反而不会选择了。选择能力是要等孩子们熟悉环境后再慢慢培养的。"是啊，需要慢慢培养的又岂止是孩子们的选择能力！我强烈地感觉到，在学校里学的知识并不能完全帮自己解决实际问题，丰富的实践经验同样重要！我真希望早日练就师傅的这份"功力"。

这次"挑战师傅的'下马威'"行动虽然以失败告终，但是让我深刻地明白了"姜还是老的辣"的道理，同时了解到自己与师傅间的差距有多大，从此我收起了"张狂"的翅膀，学会了谦卑。

一次，我被 B 老师邀请观摩她的音乐欣赏课《小白船》。对于课的最后一个环节——让幼儿感知强弱弱的三拍子节奏，B 老师采取的策略是，通过引导幼儿徒手画大小波浪让他们感知。课后与 B 老师交流时，我提出了自己的想法："在徒手画波浪表现节奏方面，幼儿表现得不是很到位。是否可以尝试用击掌——强拍拍全掌，弱拍拍半掌——的方式？" B 老师当场就对我的想法给予了肯定。之后，我们还引申出很多化解难点的策略和方法。和 B 老师不断的交流和探讨，让我感到我们似乎成了朋友。

对于新教师来说，对师傅的做法全盘否定或者全盘接受都不可能使自己获得真正的进步。最好的做法是，以学习仿效为主，存疑为辅，适时地与师傅交流，在我们能够自己站起来后再按照自己的方式奔跑。

好师傅是一座富矿

好师傅是一根拐杖，有力地支撑我们前行；好师傅是一座富矿，我们越努力，从师傅身上挖掘得越多，我们收获的指导与帮助也越大。师傅身上具有丰富的教学理论和宝贵的教学经验，但是，这些知识和经验一般是内隐的，要想使这些内隐的东西外显出来传递给我们，就需要一个"媒介"，这个"媒介"就是我们自己的努力。我们的教学活动准备得越充分、教育笔记做得越细致，师傅越能发现更多的问题，他们的经验才能源源不断地"喷涌"出来，我们才能取得更大的进步！

在幼儿园工作一年后，园里决定派我参加区里的教学竞赛。竞赛形式很严格：提前两天抽取活动主题，自行准备教案教具，然后在指定幼儿园比赛。时间紧迫，以前那种一人开课一大帮人跟着忙活的形式行不通了，只能靠自己了。

于是，在抽到考题的当天，我就四处奔波购买教学中可能会用到的材料，连夜备课。第二天，当业务园长请C老师和我的师傅一起来听我试讲时，她们为我竟然在这么短的时间内就做好了准备工作而感到吃惊。在试讲后的讨论环节，师傅谈了很多。我发现，她对活动中我和幼儿的状态观察得很细致，并指出了我在环节设置上存在的问题。她认为，作为一个常规活动设计，我的活动设计问题不大，可如果参加竞赛就不行了，因为没有亮点。之后，C老师在教具的制作和教学材料的选择方面给我提了很多建议。

在这种积极愉快的讨论氛围中，我的思路渐渐打开了，活动设计得也越来越丰满，我又一次领教了什么是丰富的经验和过人的本领。同时，师傅对我的肯定也让我重新审视自己：我不是一无事处，也不是无人能敌。我有着自身的优势，也存在着劣势。我不需要放大任何一方，只需正视自己，平衡对待。我只要有一颗积极向上的心，有勇于面对自己的态度，做个有心人，就能随时随地有所收获。那次比赛，我取得了满意的成绩。

此后，每当我为个别孩子的教育问题而苦恼时，每当我因为工作压力过大想懈怠时，师傅的教导都好似隐形的力量鼓励着我积极面对，鞭策我不断反思和进取。师傅对我的帮助还有很多，包括对我备课本的定期批阅与具体指导。我记得非常清楚的是，那时我们每两周要写一篇教育心得，每一篇我写得都很长，一学期下来有20多篇。每一篇B老师都用红笔给我写了很长的评语，让我知道哪些教育方法是好的，哪些处理方式还有待改进。即使有时是严厉的批评，我也觉得很开心。因为我知道，这对我的专业成长非常有帮助。这本备课本我一直收藏到现在。

5. 观摩式园本研训：关注教育细节

"泰山不拒细壤，故能成其高；江海不择细流，故能就其深。"细节可以是闪光点，也可以是失误点。"大礼不辞小让，细节决定成败。"工作中的细节也许过于平淡零碎，也许过于鸡毛蒜皮，但这就是工作，这就是生活，是成就大事不可缺少的基础。品牌，就是由无数个精致的细节打造出来的。全园教研活动"品牌在于细节"给我提供了一个思考问题的新思路：打开问题之锁的钥匙也许就挂在锁眼上，缺少的只是我们用心的观察而已。

"品牌在于细节"教研活动

周五中午是全园教研学习的时间。这天的教研活动由大（2）班和大（4）班老师负责组织和主持。他们为大家安排了"品牌在于细节"的主题沙龙活动。老师们像往常一样，带着记录本和笔走进了多功能教室……不过和以往严肃安静的会场气氛不同，这天教室里播放着轻快的音乐。讲台也不见了，倒是小舞台上平时紧闭的幕布拉开了，难道今天有演出？老师们准备坐下来时，却发现平时整整齐齐按照行列排好的座位形式也发生了改变。大家按照所属的年级组分别坐在4张小圆桌周围，桌上摆放着年级组的席位牌和粉色的海报纸、水彩笔。

背景音乐的声音渐渐弱了下来，活动开始了。

主持人开始了简短的开场白：

"当走进宽敞明亮的商场时，我们常常会被许多品牌服饰所吸引，理由很简单：这些品牌服饰做工精良、细节突出。一枚小小的胸针、一条样式简单大方的丝巾就会为一件普通的衣服增姿添彩。品牌吸引人的地方就在于，它们成功地打造了属于自己的细节品位。今天就让我们来谈一谈关于'细节'的话题：以小见大，细节打造品牌！

"粉蝶飞舞，沐浴在明媚春光下的我园是一个备受幼儿家长好评的幼儿园。这良好的口碑来自我们园教师对孩子的细心呵护和真心关爱，来自我们和幼儿家长耐心、及时的沟通和交流，来自我们保教工作的认真负责。这一切体现在幼儿园工作丝丝点点的细节之处。下面就让我们走进幼儿园的生活，一同领悟这些平凡而又重要的细节……"

这时，后排的灯光熄灭了，小舞台上的主灯亮了。

环节一：情境表演

（一）"师徒结对"

年轻的L老师正在上课。她的"师傅"M老师坐在教室的后方听她的课。

下课了，师徒俩就课堂上出现的问题进行了交流。M老师指出了"徒弟"在教学过程中出现的一些细节问题。比如，教具的演示要考虑到让孩子们都能看得清楚，教师的体态动作不应妨碍孩子们对教具的观察；提问要注意开放性，应当避免提那种答案只是"是"或"不是"的封闭型问题，要让孩子们在思考问题的时候思维得到发散。对于"师傅"的指导和建议，L老师愉快地接受了。她说："下次，我一定会注意这些细节的！谢谢M老师！"

主持人总结："开展教育教学活动是教师的本职工作，也是教育孩子的主要途径。教具的摆放位置、提问的设计，这些细节看似微不足道，其实包含着大学问。'师徒结对'活动为老教师和新教师搭建了交流的平台。在听课、讨论的过程中，老教师把自己在教育教学中积累的宝贵经验无私地传递给年轻教师，年轻教师虚心学习，从最微小的环节做起，在实践中不断提高自己的业务素质。这样，教师的整体教学水平都得到了提高。"

（二）"保育老师的家长工作"

孩子们陆续地被家长们接回家了，保育员D老师开始拖地。这时，王小宝的妈妈走进教室，生气地质问D老师，自己的孩子今天在幼儿园摔了一跤是怎么回事。D老师停下手中的活，耐心且详细地向小宝妈妈解释了事情的始末：原来，在室外游戏时，小宝跑步时没看好路摔了一跤。老师已经带他去保健室处理过了，刚才因为来接孩子的家长很多，还没来得及和她说这件事，想晚些时候再跟她联系，请小宝妈妈谅解。听了D老师的解释，小宝妈妈表示理解。随后，小宝妈妈又向D老师询问小宝最近的表现。D老师说，最近小宝在生活自理能力方面有不小的进步，经过老师和妈妈的鼓励，小宝现在每天起床时穿衣服和叠被子都是又快又好。在学习方面，小宝上课时的注意力比以前要集中一些，但需要老师的提醒才会发言，主动性还不够。D老师建议小宝妈妈回去以后再配合老师和小宝谈谈，以帮助他取得更大的进步。听到D老师对小宝的评价和给自己提出的建议，小宝妈妈感到老师对自己的孩子观察和了解得是那么的细致！她非常感动并表示由衷的感谢。

主持人总结："家长工作是我们工作的重要组成部分。要想让家长理解与支持我们的工作，我们必须和他们及时地进行沟通。保育老师的本职工作虽然是照顾好孩子们的生活，做好消毒卫生工作，但是作为班级第一线的老师，也要关注班级每个孩子的发展，对他们的进步和不足有清楚的了解，对他们每日的活动情况有细致的观察。只有把握好这个细节，在日常工作中，我们才能真正做到保教不分家；在和家长交流的过程中，我们才能做到不疾不徐，娓娓道来，增强家长对我们工作的信任和信心，提升幼儿园品牌的信度。"

（三）"三教一保窍门多"

Y老师担任今天班级三教一保的轮保工作。茶杯消毒好后，Y老师拿着一个水桶走了进来，一边走一边说："茶杯消过毒了，我用水桶装，一下子就可以把所有的茶杯拿走了。"这时，保育员C老师看到了，连忙叫住Y老师："你拿着桶准备干什么呀？""装消过毒的茶杯，然后放到茶杯架上啊。"C老师向Y老师解释："水桶没有经过消毒，用它装已消过毒的茶杯会对茶杯造成二次污染，影响茶杯消毒的效果。消毒柜里有个专门取放茶杯的托盘，应该用它来拿取茶杯。"Y老师这才明白。

中午吃饭之前，Y老师提着小桶和抹布来给餐桌消毒。她一边来回地擦，一边说："我擦，我擦，我使劲地擦！" C 老师看见了，赶快又叫住了 Y 老师，告诉她，擦餐桌一定不能来回地擦，这样，会把抹布上已经擦下来的脏物再次带到桌面的其他地方，造成二次污染。我们应当从桌面的一端向另一端不重复地用抹布的不同部位逐条擦拭，最后还要把桌子的侧边擦拭干净。Y 老师听后明白了，她由衷地说："原来，擦桌子看似简单却并不简单啊！谢谢你，C 老师！"

主持人总结："三教一保的班级教师特殊编制使得班里每位教师除了完成教育教学工作外，还要轮流承担保育工作。擦桌、扫地、拿茶杯，这些工作中的细节看起来很小，但是完成得规范与否，直接关系到孩子们的身体健康。在班级卫生工作方面，保育老师是行家。保育老师对轮保教师的及时提醒和指导，提高了轮保教师在工作中的专业性和规范性水平，保证了幼儿园保育工作的质量。"

把日常工作的点点滴滴用情境表演的形式展现出来，更加形象，也更容易引起老师们的共鸣。大家虽然平时就是按照上述操作规范工作的，但是没有意识到为什么要这么做。经过提炼，老师们更加清楚地认识到这些细节的重要性。我们平时的工作也通过这种表演的方式得到了肯定。接下来，刚才进行情境表演的老师们用一段幽默的三句半为这场"演出"做了精彩总结。

环节二：三句半表演

（咚咚锵，咚咚锵，咚锵咚锵咚咚锵）

我园老师真能干，规范工作到细节，齐心协力干劲足，创—品—牌！

教学工作学问大，师徒结对好风尚，互帮互助进步快，好—姐—妹！

家长工作很重要，细心观察勤交流，保育老师也上场，一—顶—俩！

三教一保新形式，抹桌扫地有讲究，保育老师来示范，手—把—手！

领导就是领头羊，各部门协调一级棒，团结勤奋向前看，一—条—心！

重视细节你和我，幼儿园花开一朵朵，品牌打造靠大家，更—辉—煌！

话音刚落，台下就响起热烈的掌声。短小精悍的三句半反映了我们对细节的重视，表达了大家共创品牌的信心和决心！

环节三：全民参与，各抒己见

主持人："品牌的创立还需要大量的宣传，大家对我们幼儿园的宣传工作有什么建议呢？下面开始分组讨论。"

年级组长担任每组的组长，老师们围坐在桌子周围，你一言我一语地发表着自己的意见。讨论很快有了结果，大家觉得，有一句能够表现我们园品牌的宣传语和一首反映我们园品牌特色的宣传歌曲是最让人难忘的。这个提议得到了所有老师的肯定，它成了下一个环节的话题：分组创编宣传语和宣传歌曲。

礼堂里这下可热闹了！每一位老师都在开动脑筋、提出建议，然后和小组其他成员一起讨论。每组的记录员负责及时记下大家的想法；时间控制员负责控制每个人的发言时间；组长负责汇总大家的意见，并请记录员把汇总结果记在粉色的海报纸上，等一会儿在大家面前展示；宣传委员负责帮着大家排练宣传歌曲。终于，每组讨论的成果出炉了！

环节四：一同分享，共襄盛举

四个小组的老师们分别带着自己组的讨论结果，来到大家面前，每组中的一位老师展示海报，其他老师演唱创编的宣传歌曲，朗读宣传语。

大家创编的宣传语有：

大家好才是真正的好！（后勤、行政）

今天，让我们做到最好！明天，我们会做得更好！（中班年级组）

孩子要上幼儿园，怎么办？孩子要上全托园，怎么办？孩子要上特色园，怎么办？来这里吧，孩子的乐园！我们的家园！（大班年级组）

小班组老师们则套用"吉祥三宝"的节奏，填写歌词，并进行了生动的演唱。

真是不看不知道，一看真奇妙！我们的老师队伍中可真是藏龙卧虎啊！大家仅用了15分钟就创造出如此精妙的宣传语和宣传歌曲，再配上生动幽默的动作表演，真是把我们园的特色体现得淋漓尽致，给人留下了深刻的印象！在表演的过程中，不论是表演者还是欣赏者，都深深地投入其中。老师们在体会到细节对于创设整个团队品牌重要作用的同时，对自己身为这个团队的成员充满了自豪感和幸福感！整个活动到这里达到高潮！

环节五：结束语

主持人充满激情地宣布："今天的主题沙龙活动圆满成功！"（大屏幕上显示出今天活动的主题：以小见大，品牌在于细节）

这是我参加工作后第一次参与的园本研训活动。对于研训活动流程并不熟悉、不知道如何参与的我来说，在整个活动过程中，我扮演的是观摩者的角色——用心地观察、倾听和感受。从教师们的相互对话和精彩的表演中，我不但感受到园本研训的魅力和幼儿教师的迷人风采，还认识到，要做一名合格的幼儿教师光靠一腔热情还不够，还要用心，还要关注细节。是呀，任何一名成功者的背后一定有他对理想的追求，有周密的计划和充分的准备，有足够的责任感和专业能力，有对每个细节精准和完美的把握。

研训活动虽然结束了，但是大家并没有离去，仍然在兴致勃勃地讨论着。我想，大家的热情之所以如此高涨，用园长的话说，是因为"这次活动充分地激发了教师对活动主题的主动关注和参与热情，有效地发挥了园本研训的导向和教育功能"。

首先，本次研训采取了生动活泼、多样的学习形式。与以往研讨时采用的开会形式不同，这天的沙龙活动采用了轻松的文艺娱乐形式：一入场，礼堂内轻柔的音乐就营造了一种轻松温馨的的氛围；"围桌式"的座位摆放取代了"报告厅式"的座位摆放，给人带来"茶话会"式的轻松感受；生动活泼的情境表演和三句半表演，真实地再现了老师们工作的场景，给大家带来身临其境的感受；分组讨论和集体表演取代了单一的"说"，为老师们提供了展示集体智慧和个人才华的机会，引起了大家主动参与的意识和兴趣。可以说，这次研训活动是一次轻松自然、寓教于乐的"新一季"研训活动。

其次，学习主题来源于日常的工作实践，给学习者带来了亲切感，让他们对学习主题有了更深的体会。对孩子进行教育的时候，我们需要考虑到教育的内容要贴近孩子的生活，要符合他们的兴趣需要，其实，对于教师学习来说也是如此。只有贴近教师工作和生活的话题才能引起他们的关注、共鸣和反思，进而把领悟到的东西迁移、应用到自己的教育实践和生活中。在情境表演中，他们看到"自己的影子"，注意力一下子就被吸引过来，对于活动也就能全身心地投入其中了。

最后，全员参与增强了学习者学习的主动性和积极性。老师们在分组讨论中可以各抒己见，同时又有各自的分工，从而保证了讨论有序地进行，在实现自我表达的同时完成自我管理。在集体表演过程中，老师们展现的是集体的智慧，这一切并非组织者事先安排的，而是老师们学习行为的自然升华。

活动后的自我实践

这次"品牌在于细节"园本研训活动让我获得了一种工作上的新认识与智慧。为了提高自己的教学水平，活动结束后，我们几个新教师组成研讨小组，邀请园内经验丰富的 D 老师作为指导顾问，共同审议我们的日常教学工作，结果发现我们的课堂教学行为中存在很多忽视细节的问题。对于这些问题，我们应该如何应对以避免其再次出现呢？经商议，我们决定从教师最常用、最易忽视的"惯用语"入手。我们选择了三条使用频率比较高的"惯用语"作为研究对象，通过相互观摩、共同探讨与分析，试图找出应对策略。

"惯用语"一:"你们……真是太好了!"

情景再现 ▶▶▶

已工作一年的李老师正在给孩子们上音乐课,内容是学习打击乐"拔根芦柴花"。活动的第一个环节是让幼儿听着乐曲拍出相应的节奏。当幼儿完成老师提出的要求后,李老师说:"小朋友们拍得太好了!下面我们看着图谱再拍一遍。"当幼儿按照图谱拍了一遍节奏以后,李老师接着说:"小朋友们拍得真好!下面我们把速度加快一点再来拍一遍!"当幼儿在老师的指挥下又较快地拍了一遍后,李老师仍然态度激昂地说:"你们拍得真不错!下面我们用身体动作进行演奏!"……

语言分析 ▶▶▶

在课堂教学组织中,新手教师在环节过渡时最爱说的话可能就类似于"你们……真是太好了"!例如,音乐课复习歌曲后,我们会说"你们唱得真好";美术课结束时,我们会说"小朋友们画得真好"。在新教师看来,说这样的话很保险,不会出错,既肯定、鼓励了幼儿,又能够比较顺利地过渡到下一个环节。孰不知,这样的话虽然保险稳当,但是经常使用就会大大降低课堂组织语言的指导效能,无法体现教师对幼儿能力水平的关注及具体指导。

应对策略 ▶▶▶

新手教师要想避免经常性或习惯性地说上述的话,就要学会关注和发现幼儿在活动中出现的问题,并及时地指出来。这些问题既可以是在集体活动中,也可以是在小组或个体活动中出现的;既可以是技能方面的,也可以是情感、规则方面的。例如,在幼儿复习完歌曲后,我们可以就他们在节奏、个人与集体的配合、歌声与琴声的和谐、歌曲情感的处理等方面的表现给予评价;在美术课结束时,我们可以就他们在绘画技法等方面的表现进行评说。

这样，既能够改变我们评价语言的无效与苍白，又可以有的放矢，给予幼儿适当的指导。

"惯用语"二："×××，还是你来说！"

情景再现 ▶▶▶

张老师正在引导大班幼儿根据故事内容，结合图片和符号的提示创编绕口令"胖子和瘦子"。绕口令中第一、二句的内容为：有一个胖子，割草抓到一只兔子。有一个瘦子，挑水捡到一条裤子。老师在讲完故事之后，只出示了两张分别写有"胖"和"瘦"两个字的卡片以及画着草、兔子、水桶和裤子的图片，然后把它们分两排对应摆放，请幼儿来创编这两句话。问题一经提出，班上几个能力较强的幼儿立刻举起了手。张老师叫了其中一个幼儿："×××，你来说！"被点名回答问题的小朋友很快就根据故事的内容编出了绕口令的第一句。活动进展得很顺利，之后进入到第二句的创编，教师要引导幼儿先比较第二句与第一句的图片文字排列规律，在此基础上推出第二句的创编内容。问题一出，那几个聪明的孩子又举起了手，老师开心地指着上次回答问题的那个幼儿说："×××，还是你来说！"……这个活动看似进展得顺利而流畅，可是活动中得到发展的好像永远是那一个或几个孩子。

语言分析 ▶▶▶

在课堂教学的提问中，新手教师往往抱有这样的心态：希望幼儿能够在比较快的时间内对教师的提问做出正确的反应，以便课堂活动能够顺利地开展下去。因此，问题一提出来，只要有幼儿（不管是一位还是两位）能回答出来，我们即开始下一个问题的提出或下一个环节的展开，生怕这个好答案再被岔开去或者出现跑题现象导致自己无法应对，而不去考虑其他幼儿是否也都理解了这个问题。所以，有时候本应该是一个集体开展的活动却变成了教师和小部分幼儿甚至是个别幼儿的互动行为。

应对策略 ▶▶▶

作为新手教师，要想避免出现上述行为，我们应熟悉并了解本班幼儿的知识能力及个性特点，并依此对自己所提问题的难易程度做一个前期的划分：较容易的问题尽量留给那些能力较弱的幼儿回答，而比较难的问题可以让能力中等的幼儿在思考并尝试回答之后，再邀请能力较强的幼儿回答。不过，我们在给予能力较弱的幼儿学习和锻炼的机会的同时，还应该注意保护能力较强的幼儿的积极性。例如，可以对他们说："老师知道你们能够回答。我们先听听别人的回答，看看他们想的和你们想的是不是一样……"

为了避免在提问之后总会下意识地集中请几个幼儿回答，或者在几个幼儿回答完毕后急于进入下一环节，请老师们在活动中时刻提醒自己："这个问题，我问过他们（课前锁定能力相对较弱的几个幼儿）了吗？""好顺利啊！在开始下一个环节之前，我再提问一个幼儿吧！"记住这两句话，它们会极大地促进我们在课堂组织中与幼儿的互动水平。

"惯用语"三："不对！老师生气了！"

情景再现 ▶▶▶

王老师正在组织小班的幼儿进行游戏活动"小猫排队"："小朋友们，请你们把椅子放到桌子底下，小猫排队！"动作快的幼儿迅速地站了起来，"咣"的一声把椅子推到了桌子底下，随后站在教室的中间，接着教室里响起一片"咣当咣当"的推椅子声。王老师连忙喊："不对！老师生气了！"可幼儿们都在自顾自地忙着推椅子、站队，对老师的话置若罔闻。等一片响声过后，幼儿出现了两种状态，一部分幼儿已经放好椅子站好了，另一部分幼儿仍然坐在位子上茫然地看着老师。

语言分析 ▶▶▶

"孩子们怎么总是不听我的话呢？"新手教师在课堂组织中时常会有这样的困惑。为什么会产生这样的困惑呢？请回忆一下，我们有没有说过："等一下，还有个要求要听好了！"问题就出在这里。在课堂教学的组织过程中，许多新手教师因为急于过渡到活动的下一个环节，对某些要求就考虑得不够细致和周密。在提相关的要求时，不是过于简洁明了、匆匆走"过场"，就是生怕幼儿听不懂、弄不明白，反复强调。结果，等这些要求真正被幼儿落实到活动中时，我们就会发现效果不尽如人意，于是急急地说出了"不对，老师生气了！"。对于幼儿来说，他们并不明白老师为什么生气，所以"听话"的幼儿会因为老师的话而感到茫然、不知所措，"不听话"的幼儿则继续按照老师之前的指令行事。

应对策略 ▶▶▶

案例中王老师的问题就在于，她对幼儿提出的常规要求不够明确和细化。要想避免这样的错误，教师在组织活动的过程中，就要充分了解、掌握本班幼儿对基本常规的执行能力，提出活动要求时要有侧重点，注意个别细节要求的强调，指令语言要清晰、到位，如"轻轻地放椅子"。面对年龄越小的幼儿，教师越要注意要求的细化和执行的先后顺序。例如，可以把案例中王老师的要求分解为"请小朋友们站起来"——"把小椅子轻轻地放到桌子底下"——"快快地小猫排队"。对于年龄较小的孩子，教师可以结合自己的示范逐步提出要求，逐步检查，这样就不会出现一部分幼儿没有反应的现象了。另外，教师在提出要求以后，如果想检查幼儿有没有关注，可以利用提问个别幼儿的方式，这样既提醒了那些没集中注意力的幼儿，又再次强调了要求。当教学活动出现混乱情况，教师在说"不对！等一下，还有个要求听好了！"这句话进行补救之前，一定要记住让幼儿回复到相对稳定和安静的状态中再说，否则说了也是白说。

6. 体验式园本研训：关注教学活动设计要素

假如有两个人在卖西瓜，一个人只是大声地吆喝"快来买西瓜啊，我的西瓜又大又甜"，而另一个人在吆喝的同时把一个西瓜切成小块，告诉顾客，可以先尝再买。遇到这种情况，你会买哪一个人的？肯定是第二个人的吧。这就是体验式营销策略的魅力所在！这种营销方式让我们在买商品或者服务之前，就已经通过感官享受到产品或服务带给我们的美好感觉。与传统的靠卖家的"说"来销售产品的营销方式相比，这种注重"体验"的营销方式让产品"说话"，更能折服顾客。

"体验式营销"不仅适用于产品的销售，也适用于幼儿园的园本研训活动。只不过前者作为一种营销手段，目的是为了销售更多的商品；后者作为一种学习方式，目的是为了"传播"教育理念与思想，"传授"优秀的教育教学经验与方法。通过教育活动的情景体验，通过体验一个教育活动预设、生成与拓展延伸的完整过程，我们理解了课程活动设计的基本要素、核心结点与相关环节，掌握了设计的技巧。生动的展现、有趣的形式以及真实的体验提高了我的教学技能。

"花心·花语"系列教研活动

我们园每学期都会举办一次大课题组的活动，研究园本课程。在这学期的课题组活动上，M老师展示的一节大班的文学故事课——"我是霸王龙"，得到大家充分的肯定，同时也引发了我们对故事"我是霸王龙"的浓厚兴趣。因此，围绕故事"我是霸王龙"，全园开展了体验式系列教研活动——"花心·花语"。这次聆听"花开"的活动共分三个阶段，历时近一个月。

一、鸟语花香

周一中午是全园教师的业务学习时间。和往常一样，老师们带着笔记本走进幼儿园的大礼堂。此前，大家已经观摩了 M 老师的教学活动"我是霸王龙"，并做好了讨论和交流的准备工作。

等大家坐定后，业务园长 T 老师便以感性的声音娓娓道来："每一本书就如同一朵花，当你打开它的时候，'花儿'就盛开了。花开无声亦有声，能否听到，全凭你有心抑或无心。今天，让我们一起来品味图画书《我是霸王龙》，来期待一朵美丽'鲜花'的盛开。首先，我们请 M 老师再次用她悦耳动听的声音为我们讲述图画故事'我是霸王龙'。"

（我心动容：是啊，哪个女孩不爱花！用"花开无声亦有声"来暗喻我们有心抑或无心，是多么贴切啊！我立刻就被这朵名为"花"的图画书吸引了。）

M 老师一边展示图画书一边给大家讲故事，其他老师就像孩子一样，静静地聆听着……听完故事，大家报以热烈的掌声，并开始悄悄讨论彼此对故事的感受。

这时，T 老师拿出了一份名单并宣布："在今天的活动开始之前，我已经对大家进行了分组，不过我们今天的分组和以往有所不同，不是按照班级来划分的，而是按照年龄来划分的（'啊……'不少老师在下面发出了惊叫声）。各组的组长已经指定好了，现在就请各组组长带领各自的成员进行活动，要求各组先给自己的小组起个名字，名字中必须要有'花'字，然后再按照记录表上的内容进行讨论。"

在组长的组织下，大家很快找到了自己的小组并开始了研讨。讨论的内容包含两个方面：听完"我是霸王龙"的故事后，我们的最大感受是什么？（小组成员共同的认识）可以用什么样的方式来表达我们的感受？（请选取其中一种方式进行演绎）

经过 15 分钟的热烈讨论后，各个小组就自己的组名、讨论结果和大家进行交流分享。

T 老师："现在让我们走进鸟语花香的世界，一起来分享彼此的讨论成果。

首先有请第一组的'花仙子'介绍他们的讨论结果。"

第一组——"无花果"组："虽然我们的年龄在全园老师中是最大的，虽然我们已经没有了花容月貌，但是我们会继续用我们的智慧和汗水散发动人的芬芳。读完这本书后，我们全组成员的最大感受是：无论人与人之间，还是人与动物、人与自然之间都应该友好相处。现在，幼儿园、小学、中学、大学都在进行感恩教育，目的是希望唤醒人们心中的真善美。我们不仅要学会感恩他人，还要懂得用爱去感化他人。每个人都从自己做起，相信社会会更加美好。我们可以用对话、唱歌、绘画等方式来表达我们的感受。"

接下来，"无花果"组的老师们集体演唱了歌曲《爱的奉献》，以表达他们此时此刻的感受。

第二组——"春花（华）秋实"组："我们走过生机勃勃的春天，来到硕果累累的秋天。虽然我们已经青春不再，但是现在的我们就如同秋天这累累的果实一样，成熟、美丽。

"读完这个故事后，我们觉得：再凶残的动物，其内心深处可能都有一块柔软的角落，都有可能被爱感化；不管多强的人都有可能遇到困难，都有可能需要别人的帮助；父母的榜样作用是巨大的；我们在帮助别人的时候要讲究一定的方式。

"我们讨论后认为，可以用故事、戏曲、音乐、绘画等方式来表达我们的感受。"

接下来，第二组的老师们选择了故事表演的方式来表达他们的感受。

第三组——"花之心"组："我们借用歌曲《花心》中的歌词'春去春会来，花谢花会再开，只要你愿意，只要你愿意，让梦划向你的心海'来表达我们的心声。我们相信，只要我们愿意，好花会常开，好梦会常来。

"图画书《我是霸王龙》给了我们很大的启发。故事通过恐龙世界折射出人类的生活和情感，我们看到了书中精彩故事背后所隐含的意义——父母对子女的爱、对他人给予帮助的感恩以及博大的爱心。

"我们可以用语言和音乐来表达我们的这种感动，用情景表演再现故事的内容，还可以通过创编故事情节来表现我们对故事的理解。"

接着第三组的老师们创编了新版故事《小翼龙回来了》，通过小翼龙爸爸妈妈的对话，着重展现了他们对这两个角色的理解和价值认同。

第四组——"花之舞"组："我们是幼儿园里的年轻老师，风华正茂；我们希望能用生命的激情舞出别样的人生。

"听完故事后，我们组的成员感受很多，除了前三组的老师们谈的那些，我们还想补充两点：第一，在与孩子相处的时候，老师要用发现的眼光去捕捉孩子身上的闪光点，让'小优点变大，大缺点变小'；第二，故事留给我们很大的想象空间，让我们在感受缺憾美的同时还可以假设其他的结局。

"唱歌、绘画、故事表演等方式都可以表达我们的感受。今天，我们选择用后续结尾创编加表演的方式来向大家呈现我们的感受。"

之后，这一组里两名最年轻的老师为我们表演了她们创编的故事结尾：小翼龙和霸王龙成了好朋友，它们幸福地生活在一起。可是，有一天，小翼龙出去采果子时受了伤，它的鲜血唤醒了霸王龙的本性，霸王龙再次向小翼龙扑了过去……

（两位老师表演的开放式结尾给我们提出了一个问题：爱的巨大力量能否战胜凶残的本性？）

最后，T老师对本次活动进行了小结："今天，我们四个小组都和大家分享了各自的阅读感想。在大家的发言和表演中，我深切地感受到'多元'的意义，聆听到了'花开'的声音。四个小组，四种形式，多种观念，有结论的阐述，也有问题的提出。今天的活动使我们的眼界更加开阔，也让'我是霸王龙'这个故事变得更加精彩。希望大家在我园网站的'业务交流'平台上继续阐述自己的观点，在下一次的业务学习中，我们将进行现场模拟教学。今天的活动到此结束，谢谢大家的参与！"

反 思

体验是我园园本课程的重要理念之一。在本次教研活动中，我们对教材的体验直接关系到我们对教材价值的分析和对教材的取舍，也关系到我们在进行活动设计以及活动组织过程中对重点、难点的把握。因此，我们可以这样认为，教师的体验直接关系到幼儿的体验以及幼儿在课程中的发展。教研组以体验的方式组织教研，就是希望老师们能够学会体验教材内容，进而分析教材的价值并学会取舍。

在"鸟语花香"的教研中，考虑到不同年龄人群所具有的价值取向相对一致的特点，教研组采取了按年龄划分小组的策略。从活动中老师们的表现来看，这种策略还是非常有效的。其有效性体现在以下三个方面：

（1）便于同一组教师归纳总结讨论的结果。年龄相近的老师在人生阅历、生活背景、工作经验方面存在一定的相似性，在讨论时便于做出一致的价值判断。例如，第一组的老师是我园年龄最大的老师，阅历最为丰富，他们把对故事的感受直接归纳为"感恩"和"感化"，并涉及对社会现状的分析，比较宏观；第二组的老师无论是在业务还是在家庭生活方面都比较成熟，他们的回答比较全面，既有自己的感受，也有对幼儿接受可能性的分析；第三组的老师多为年轻的妈妈，她们更加关注故事中父母之爱对孩子的影响；第四组的年轻老师则提出了非常现实的问题，显得锋芒毕露。

（2）在讨论问题时，激励各组成员畅所欲言，避免了"权威干扰"所造成的沉默，提高了讨论效率。按年龄分组使具有相同教学经历的教师聚在一起，大家在业务水平方面相当，在讨论时不用担心因为说"错话"而被批评，从而更加积极主动地参与讨论。

（3）促使讨论出现"百花齐放"的场面。这可以从各组对组名和演绎方式的选择看出。第一组的老师选择用歌曲表达感受；第二组的老师选择用故事表演表达感受，对于故事情节则没有太大的变动；第三组的老师创编了新的故事，在内容上有所突破；第四组则是用表演续编故事的方式表达自己的感受，并用一个开放的结尾引发大家思考。结论的多元开拓了大家的视域，让彼此都获得了新的思路。

二、花语解析

在第一次教研活动后，许多老师在我园网站的"业务交流"平台上发表了自己对M老师教学活动的评价以及读完《我是霸王龙》一书后的个性化体验感受。紧接着，第二周的业务学习开始了……

T老师首先进行了简单的介绍："上一周，老师们在网站上都发表了自己的想法，对M老师的教学活动也给予了高度的评价。现在有请M老师来进行花语解析，谈谈自己是如何进行活动设计的。"

在大家的掌声中，M老师走上讲台介绍自己的设计体验："首先，要谢谢大家对我的肯定和鼓励！刚看到这个故事的时候，我和大家一样也是特别的感动，觉得这个故事蕴含了很高的教育价值。但是，从什么角度出发进行讲解更适合孩子的接受水平和需要呢？这个问题一直困扰着我。不瞒大家说，这个故事我读了20多遍，每读一遍都有新的感受，教学活动设计也因此改了很多遍。最后，我选择霸王龙转变这样一个角度，采取图片演示的方法，以使深刻抽象的道理形象直观地呈现在幼儿面前，帮助他们更好地理解故事的内容。对于音乐的选择，我也考虑了很久，有老师提出音乐的出现可能会削弱故事本身的感染力，但是我认为，图画书作品和音乐同属于艺术范畴，它们有异质同构的地方，应该可以帮助孩子更好地体验和表达，这是我的一点体会。再次感谢大家。"

接下来，按照第一次教研活动的分组，各组教师重新梳理了对故事的理解和价值分析，并针对大班幼儿的年龄特点设计教学活动，再根据抽签排名选派代表进行现场模拟教学。

与第一次教研活动不同的是,在这次模拟教学活动中,除了第四小组的教师选择了在第二课时进行活动设计外,其余三个小组在目标制订、策略选择、问题设置上都比较接近。

活动结束后,T老师向大家布置了一个"任务":"请老师们结合各自的教学经验和在业务学习中对教研活动的思考,想一想:针对教材进行活动设计的时候,我们要考虑哪几方面的因素?为什么?想好后,请在幼儿园网站的'业务交流'平台上发表出来,和大家一起探讨。"

> 这次模拟教学是在对第一次活动的价值分析基础上进行的。模拟教学的形式类似于我们的试教活动,所不同的是,在模拟教学现场,除了执教的老师,其余的老师都成了"幼儿"。这本身又是一次换位体验活动。通过扮演幼儿的角色,老师们了解到幼儿思考问题的方式以及在学习中可能会存在的困难。M老师的介绍也让大家了解到,针对教材进行活动设计时,我们只有多体验、多思考才能设计出好的教学活动。
>
> 各组的活动设计之所以出现雷同,有以下三点原因:其一,活动既然是为大班幼儿设计的,教师就必须考虑到这一年龄段幼儿的接受能力和学习方式,因此出现相似的环节在所难免;其二,M老师的教学活动设计对大家的思维有一定的影响,这也是第四小组的老师们选择在第二课时进行教学的原因所在;其三,从成人的体验走向幼儿的体验需要一个巧妙的设计,但这样的设计需要一定的时间来思考和揣摩。在上一次教研活动中,虽然T老师已经明确地告知各位老师这次教研活动的内容,但大家在本次教研活动之前并没有进行小组思考和讨论。

三、花有余香

活动结束后,老师们在网上论坛发表了对问题的看法,可谓"仁者见仁,智者见智"。

在接下来的业务学习活动中，T老师总结了大家的想法："很感谢大家对问题的回答，让我看到了大家的思考，也让百花园里处处留下了花的余香。我对大家的看法进行了梳理，总结出活动设计的四大要素：幼儿、教师、教材、环境。请大家看大屏幕……"

（屏幕上展示了活动设计应考虑的四大要素）

- 幼儿：年龄特点、经验（生活经验、学习经验、交往经验）、兴趣。
- 教师：对教材的体验、教学风格、教学机智。
- 教材：教育价值、学科（领域）特点、所在主题的教育目标。
- 环境：心理环境（师幼互动、师幼关系）、物质环境（活动室环境、教学设施）。

T老师对四大要素做了进一步的分析，并得到了大家的认可。最后，T老师进行了总结："'花心·花语'教研活动今天就结束了，希望'花'有余香，常留在大家的心中。让我们把这次活动中的体验和所得运用到工作中，让孩子们沐浴着'花香'健康、快乐地成长。"

在掌声中，教研活动结束。

反思

在本次教研活动的最后阶段，我们呈现了"花心·花语"结的"果"，让老师们在感性体验的基础上获得理性的认识。只有这样，我们才能将教研成果运用到教学工作实践中，才能带着体验走向幼儿的学习生活，促进他们的成长。

本次的教研活动历时一个月，让我深刻地感受到体验式园本教研的魅力所在，认识到体验是思想的源头！与以往的教研活动相比，此次教研活动让我感受到了四点不同，我想，这四点也正是此次教研活动成功的关键所在：

①持续学习：此次活动并非一次性完成，整个教研时间持续一个月。在这段时间内，大家进行了充分的讨论交流。每一个问题的提出、每一次活动的开展都有根基可寻。正是这种建立在原有经验基础上的经验建构模式，让老师们在教研中一直保持着清晰的思路，在"最近发展区"中有所收获。

②小组合作：此次教研采用的以年龄为标准来划分小组的形式，得到了教师的好评。从小组命名、问题讨论、合作表演再到现场模拟教学，大家的积极性都很高。这样的分组方式既有利于组员间的合作与交流，又让平时没有机会说话的老师得到了发表个人见解的机会，增进了组员间的相互了解。

③网络交流：此次教研活动采取分合相间的方式，既有教研现场的集体讨论交流，也有教研后利用幼儿园网上论坛进行的个体独立思考的表达。在幼儿园的网上论坛上，老师们在发表自己见解的同时，也能了解到其他老师的观点。这样的形式，让我们摆脱了以往教研时老教师"一言堂"的情况，让每个老师，尤其是像我这样的"小老师"也有发言权，可以畅所欲言，与大家进行对话与交流。

④系统思考：主题式的教研活动，让老师们有了针对同一主题进行纵深交流、系统思考的可能。正如美国麻省理工学院教授彼得·圣吉在《第五项修炼——学习型组织的艺术与实务》一书中提到的："面对问题能观照全貌，综合审慎考量其间各项因素之互动关系，而非断章取义、偏狭思考，否则将落入见树不见林或头痛医头、治标不治本的窘境。"

"花心·花语"系列教研活动让我明确了进行教学活动设计时应该注意的四个要素：幼儿、教师、教材和环境。在这四个要素中，幼儿是核心，是关键，是教学活动的主体和教学的目的所在。因此，无论是在进行教学活动设计还是在实施教学活动时，我们都要考虑幼儿的经验、兴趣和年龄特点，在此基础上再对他们进行指导。下面的案例体验式语言研训活动让我更深刻地体会到了这一点。

案例体验式语言研训活动

"花心·花语"系列教研活动结束后不久,我们收到了南京市第一幼儿园的邀请书,邀请我们参与他们的案例体验式语言研训活动。怀着激动和渴望的心情,我们走进了他们的教研活动。

语言活动一:"编故事"

活动背景 ▶▶▶

在观摩了一位教师的语言教学活动——"编故事"之后,所有参与教研的人员就此次语言活动中出现的问题——"怎样引导幼儿根据老师提供的线索编故事"展开了热烈讨论。

活动过程 ▶▶▶

一、核心小组研讨

主持人:你们觉得幼儿在编故事时编得顺利吗?

众教师:不顺利。

主持人:你们觉得幼儿在编故事时遇到了哪些困难?

教师A:幼儿没有听出教师提供的声音是什么。

教师B:我听到有孩子说:"我听见好几个声音,可是我记不起来了。"

教师C:教师让幼儿听完声音后就编故事,没有帮助他们整理听到的信息。所以,幼儿对教师提供的声音线索无从下手。

教师D:幼儿没有将听到的线索合理地编到故事里面,他们编出来的故事听起来很凌乱。

> 主持人通过让参与研讨的教师回顾此次语言活动中幼儿的表现,让他们感受幼儿在编故事时遇到的困难,以引出该活动中幼儿不能顺利进行故事创编的症结所在:幼儿对教师提供的声音线索缺乏理解;幼儿在短时间内记不住太多的线索;幼儿编的故事缺乏逻辑性。

二、分组研讨

主持人首先在黑板上张贴了四幅图片,分别是高跟鞋、美女、手提电脑和警察。

主持人:请大家以年级组为单位分成三组,然后根据我提供的图片分别以"恐怖一刹""幽默一刻""悲情一缕"三个不同的主题来编故事。

分组结束后,各小组开始了积极的讨论。

> 为了让教师体验幼儿在创编故事时遇到的困难,主持人精心设计了让教师根据线索创编故事的环节,并用不同的主题限制教师编故事,有意识地提升了教师编故事的难度。

三、故事演绎

三个小组分别派代表讲述自己小组创编的故事。

教师A:我们小组创编的是"恐怖一刹"的主题故事——与警察网聊的一美女神秘失踪,但警察仍然能在网上看到该美女的每日留言。原来,代替该美女敲击键盘的是一双高跟鞋……

主持人:你们是怎么想到编这个故事的?

教师A:我在网上看到过一个与之类似的故事。

教师 B：我们小组创编的是"幽默一刻"的主题故事——嫦娥正在月宫里和其他神仙进行网上聊天。谈到兴起时，嫦娥一激动就把脚上的高跟鞋甩了出去，正巧砸在杨利伟的"神舟五号"宇宙飞船上……

主持人：你们是怎么想到编这个故事的？

教师 B：我们把电影《手机》里的情节与新闻报道整合在了一起。

教师 C：我们小组创编的是"悲情一缕"的主题故事——一美女自杀前留给其通过网络认识的警察男友一双高跟鞋……

主持人：你们是怎么想到编这个故事的？

教师 C：我们为了突出主题才编了这个悲情故事。

主持人：在编故事的过程中，你们觉得需要把握什么要素？

教师 A：我觉得主题应与线索结合，表达一种情感色彩。

教师 B：编故事时要注意将四幅图的线索按逻辑编在一起。

主持人：刚才，大家都亲自体验了怎样根据线索编故事。现在，请大家结合自己的体验思考一下，在今天的语言活动中，教师引导幼儿编故事时需要把握哪些要素？

教师 A：在活动前，教师可以丰富幼儿与线索相关的生活经验，如什么时候你会听到敲门声、小猫为什么会叫等，以做好前期的铺垫。

教师 B：在听过声音后，教师可以问一问幼儿："你们听到了哪些声音？"

教师 C：教师还可以帮助幼儿整理一下他们听到的线索。

主持人：如何引导幼儿编故事？通过刚才大家的讨论，我们可以归纳出以下三点：

（1）在编故事之前，教师要丰富幼儿的相关生活经验。

（2）教师要提醒幼儿仔细观察教师提供的材料，帮助他们感知并理解教师所提供材料中暗含的元素和线索。

（3）教师要给幼儿提供讲述框架，引导他们清楚、完整地表达一件事情，包括事件发生的时间、地点、人物、经过等。

> 主持人让教师回顾此次的语言活动，让参与研讨的教师在有效策略的指导下对该语言活动进行梳理，帮助执教老师寻找可行的活动设计方案。
>
> 这个研训活动让我体会到了幼儿在创编故事时的困难所在，知道了组织幼儿进行创编活动时应把握哪些策略，以及教育教学要重视孩子的体验、学习特点和生活经验。只有这样，才能促进孩子的发展，活动才能取得成功。

语言活动二："老虎在哪里"

活动背景 ▶▶▶

一名青年教师用15分钟时间展示了一堂托班的语言活动课——"老虎在哪里"。

活动过程 ▶▶▶

一、核心小组研讨

主持人：在观摩了语言活动"老虎在哪里"后，大家觉得该活动在设计和环节的过渡上有什么问题吗？

众教师：我们感觉，这个教学活动无论是在整体设计上还是在环节的过渡上，都没有问题。

主持人：没有问题是不是就不需要讨论了呢？大家想想，在整个教学活动中，哪些方面还可以做得更好呢？比如，怎样才能让托班的孩子觉得更加有趣呢？

教师A：教师生动的语调、夸张的动作可以将幼儿带入故事情境中，烘托气氛。

教师B：教师要在教具上多动脑筋，生动的材料可以在很大程度上调动幼儿的积极性。

教师C：教师要开发活动的多种形式。比如，教师可以把老虎玩偶藏到活动室的某一个角落，然后让幼儿去寻找老虎玩偶，体验发现的乐趣。

主持人：刚才老师们从三个角度提出了提升语言活动趣味性的策略：注意向幼儿传达丰富、强烈的语言、体态信号；增加活动材料设计的趣味性；将静态的故事情境转化为可让幼儿亲自体验的情境。

除此之外，还有哪些途径可以增加活动的趣味性呢？希望接下来的活动能够给大家带来一些启示。

在研讨活动前，主持人一般会根据观摩试教的感受，预设研讨的主题。但是，如果主持人在研讨中发现教师对预设的研讨主题不感兴趣，他就应该拓宽思路，挖掘新的讨论点。

二、分组研讨

主持人首先出示了三张图片——女孩、妈妈和孩子、爸爸和妈妈，然后对大家说："请老师们按照图意自行分成三组：'单身贵族组''漂亮妈妈组''甜蜜恩爱组'，三组讨论的主题分别是：'美妙的年轮''老虎在哪里''借你一把伞'。"

老师们对这样新颖的分组方式感到惊奇不已，都积极地参与到讨论中。最后，各组把讨论结果写在海报上，并起了个特别的标题：

"单身贵族组"的标题——单身宣言。

"漂亮妈妈组"的标题——妈咪心语。

"甜蜜恩爱组"的标题——真情告白。

研讨渐渐进入尾声，但老师们的研讨热情依然高涨，大家都在期待着下一次研讨快些到来……

活动中，主持人让参与者根据某个方面的共性自行分组，使同组教师之间有了共通的语言；每组只讨论一个话题，保证每组教师有更充分的时间深入思考、发表意见，避免了将讨论中心放在一个问题上而忽略其他问题的情况产生。

"趣味分组"的体验带给教师的参与积极性和乐趣不言而喻。我们为什么不把这种形式应用到教育教学活动中呢？相比按照人数的多少进行分组，相比采用"组一""组二"等这样的命名形式，相信"趣味分组"和"趣味命名"的形式会更受幼儿欢迎。

体验式研训活动将看似简单枯燥的研讨活动变得趣味盎然，不仅让参与者从情感上体验到一种游戏精神，获得一种研讨享受，还让他们学会站在幼儿的角度思考问题，学会采用活泼、有趣的方式进行教学活动，让幼儿在快乐的环境中学习和生活！

7. 观察幼儿：教师专业成长的基石

和孩子们一起走过的日子，有感动，有烦恼，有快乐，有忧伤。烦恼也好，忧伤也罢，随着岁月的流淌，它们都会沉淀为我的教师专业成长生涯中不可或缺的部分，成为留在我心间的美好回忆。然而，再美好的记忆都会在时光无情的冲蚀下变得暗淡、模糊，甚至面目全非。因此，在这春花烂漫、令人心旌荡漾的时节，我决定用笔记录下与幼儿相处的点点滴滴，夹杂着芬芳依旧的花瓣，收藏进我青春的日记，让我可以时时反思，促我在专业成长之路上越走越远。

其实，写观察日记是大多数幼儿教师都会做的事情。我的观察日记虽然不是每天都会写，但至少会有计划地写，以记录每周教学工作中自己的收获，以及自己对某个或某些活动的感想或反思。刚开始写观察记录时，我们大多是以陈述性和概括性的文字记录，是站在活动实施者和主导者的位置上，用带有疑惑并夹杂些许浅层理论的观点去看待问题。经过较长时间的练习后，我们或许可以站在自省者和旁观者的位置以叙述性和写实性的文字来进行记录和反思。每天的教学生活基本上都是很平凡的，然而孩子们正是在这样平凡的生活中一天天长大，平凡的生活因为有了孩子变得不平凡起来。下面请大家看看我以我们班两个小朋友为观察对象所写的观察日记。首先是关于琦琦小朋友的三则观察日记。

班有精灵名曰琦

她叫琦琦，长得胖胖的，经常扎一个马尾辫，走起路来腰板直直的，显出很精干的样儿，老师们都很喜欢她。她的家离她每天学习生活的幼儿园不是很远。因为爸爸、妈妈都是老师，每天上班都很早，所以每天她都是第一个到班上的小朋友。她的班上有三个老师，琦琦把班上的三个老师分成了大中小，这样分的原因是因为三个老师在小朋友心目中的地位不同，用班上小敏小朋友的话说就是，大老师不在就听小老师的，小老师不在就听中老师的。为什么不挨个儿来呢？那是因为中老师是才来的新老师。

早安每一天

这个城市的冬天，天气是干冷的。清晨的空气一吸进鼻子里立马让人感觉凉如薄荷。琦琦到幼儿园的时候，看到扎着长长马尾辫的小老师背着个大红色小包，左手拎个装满了书的粉色布包刚好走进幼儿园。琦琦向小老师露出甜甜的笑脸，小老师也感受到了她那份真诚的天使情感，微笑着向她打招呼说"早安"。琦琦听从妈妈的叮嘱，没有在大型玩具区那儿玩，而是在教室外的走廊里玩"我爱我家"的游戏。这天，琦琦妈妈的同事——池阿姨的儿子畅也很早到园，于是他俩就在一起玩。琦琦喜欢和畅玩，畅的皮肤白白的，琦琦穿得干净清爽，自然也喜欢和干净整洁的小朋友一起玩。

琦琦接水

自由活动的时候，琦琦选择在美工区玩。她用压印玩具在纸上刻了许多小天使，她喜欢这个新式玩具。时间过得很快，转眼到了吃午饭的时间了。听见了收拾区角玩具的音乐声，她收拾好玩具正准备回到自己的座位上坐好，就听见小老师叫："琦琦……！"听到小老师叫她，琦琦马上来到喝水的桶前帮小老师接小朋友们的漱口水。琦琦在托盘上放了四个杯子，端着托盘在水龙头下转一圈，就接好了四杯水，之后又拿起了另外四个杯子。

琦琦记得第一次帮老师接水的时候，她先从格子里拿杯子，接完一点儿水后再把杯子放到格子里，速度很慢。有什么好办法能够快点儿接水呢？琦琦告诉老师，他们可以两个人一个人接水，另一个人放杯子到格子里，这样速度就快多了。琦琦心里满是得意！可是没过多久，琦琦发现，一个一个拿杯子也很累，于是，她就尝试一次把好几个杯子放在托盘里，一只手控制水龙头，另一只手拿杯子接好水后给老师，这样，速度又快了点儿。再后来，她想出了现在这个奇妙的方法。为此，小老师还和班上的老师夸奖她是爱动脑筋的孩子。琦琦听了很高兴。

吃完饭走进卧房睡觉的时候，已经是中午12点了。窗帘全部拉起来了，卧室里只开了壁灯，小老师已经在放故事磁带了。琦琦把被子拉到下巴，听着故事，在小老师来来回回的脚步声中慢慢闭上了眼睛……

这三则日记记录了琦琦半日幼儿园生活中发生的三件事。在观察与记录的过程中，我试图从琦琦的角度来看所发生的事。故事中的琦琦是我们班上小朋友和老师公认的懂事的孩子，她帮忙接漱口水的事促使我对她进行观察并写了这些故事。对她的观察让我似乎对班上的每一个孩子都有了新的认识。别看他们小，可他们在幼儿园的学习生活中已经摸索出处世之道了。我们在观察孩子的时候，他们也在观察和理解老师的一言一行。

对岚岚的观察，则让我对许多幼儿教育问题进行了深入思考和实践。

岚岚在幼儿园交的第一个朋友

这天，孩子们正陆续进行点心前的洗手准备工作。突然，我听到盥洗室传来开心的笑声和响亮的说话声。我好奇地循声望去，发现在说笑的不是别人，正是我们班上个头不高、平时很内向、不怎么说话也很少与人主动交流的岚岚。听他说话的是我们班上另一个内向害羞的孩子——扬扬。只见岚岚正神采飞扬、手舞足蹈地向扬扬描述着什么。天哪！自岚岚入园一个月以来，我还是第一次见他如此有活力，第一次见他主动和小朋友交流！要知道，平时的岚岚，可是谁都不理啊！他们在说什么呢？我好奇地站在盥洗室门口，想听听他们在聊些什么。只听岚岚开心地对扬扬说："昨天，你生病没来，我们班好多小朋友去三牌楼的麦当劳玩了。还有好多其他班的小朋友。好玩极了……"声音里透出一种喜悦。扬扬以羡慕的眼神注视着岚岚，倾听着。

吃完点心后的户外自由活动时间，两个小朋友更是形影不离，很有默契地一起玩耍。一方要找另一方玩时，常常无须发出言语的邀请，只要在对方肩膀上轻轻一拍就行了。

在班上一直表现内向的两个小朋友居然如此要好，这让我感到很惊讶。但是，我想到，这个年龄段的孩子正处在进入社会的自我发展阶段，他们需要小伙伴。在选择小伙伴时，他们一般会选择与自己发展水平相当、兴趣相同的幼儿。因此，岚岚和扬扬成为好朋友也就一点也不奇怪了。不过，以后我还需要多引导岚岚和扬扬参加集体活动，发展他们的兴趣和特长，鼓励他们和更多的小朋友玩耍，扩大他们的"社交圈子"，只有这样，岚岚和扬扬才能更快地融入这个集体中，各方面才能得到均衡发展。

师生间的第一次"对峙"

这天下午的户外活动时间，我给小朋友安排的锻炼项目是练习单脚站立。孩子们在我的指导下纷纷开始练习，只有岚岚一人表情抵触地站在自己的标记点上，一动不动。我轻轻地走到他身边，俯下身问他："岚岚，怎么了？"他瞥了我一眼，没有应声。我又问道："你有什么困难吗？说出来老师可以帮助你。"他也不搭理我。当我再次邀请他和大家一起练习的时候，他干脆把身体转过去，避开我的目光。我和他之间一下子僵住了，很多孩子感受到了这种怪异，停下动作看着我们。我大致猜测出又是他的畏难情绪在作祟。"纵容他、任他放弃，还是鼓励他坚持练习？"这两个念头在我脑海中不断斗争着。最终，我决定不能纵容任何一个孩子，那样反而是对孩子不负责任。于是，我把手伸到他面前，用从未有过的坚定语气对他说："其他小朋友也是今天才开始练习的，他们愿意尝试，你也一定要试一试。来，我先扶着你练习。"岚岚看到我如此坚决，便用大声的哭叫进行抗议。这一次我没有再因为他年龄偏小而纵容他。在我的坚持下，岚岚最终还是开始练习了，结果，我惊喜地发现：岚岚因为个子小，稳定性反而比其他小朋友好，更容易保持平衡。最终岚岚体验到尝试新事物的成功喜悦，他挂着泪水的脸上露出了自豪的笑容。

教师爱孩子不应停留在温柔的表面。如果今天我因为"爱"岚岚而放弃对他的要求，一味纵容他的畏难情绪，那反而不是"爱"。真正的"爱"应该是一种"教育爱"，是在日常生活中教师对幼儿以母爱为支点的"投入式理解"。在以后的师幼交往中，我希望自己不仅对岚岚，对其他的孩子，都要坚持这种"教育爱"。这种"教育爱"可能看起来不温柔，甚至有点严厉，但是这种爱才是孩子真正需要的，是一种骨子里很温柔的爱。

观察、记录、分析和反思是丰富教师专业成长经验最为重要的方面，也是教师展开专业飞翔的起点。对岚岚的观察，使我更深入地去思考许多幼儿教育问题，而思考所获又丰富了我的教育资源库，使我越来越渴望走进孩子的世界，去感受他们的心情，去探索他们的心灵。

如何撰写观察记录

观察记录是教师了解幼儿的兴趣点、思维特点和学习方式的基本方法，也是教师进行反思的基础，它为教师成功反思提供了第一手丰富而真实的材料。观察与记录需要持之以恒地进行，并做针对性的练习。一篇完整的观察记录分为观察记实、观察分析、措施建议三个部分。在撰写观察记录的时候，我们应该站在自省者和旁观者的角度以叙述性和写实性的文字来进行记录。只有这样，我们才能全面发现幼儿存在的问题。而难点是我们应该如何客观地记录观察到的现象并理性地进行分析呢？这是一个困扰着很多教师的问题。针对这个问题，我们幼儿园专门进行了教研活动。

一、分析练习——蓄势待发

主持人："如何使观察记录的分析区别于教育随笔的侃侃而谈，更加客观理性，更有价值？这个问题一直困扰着在座的许多老师。今天我们活动的目的就是要看看如何对观察记实进行有理有据的分析，以及在进行分析的时候，我们通常会存在哪些困扰。"

一番直陈旨意的开场白后,主持人请大家以年级组为单位分成三组,每组完成两项任务:分析同一篇从大家平时的观察记录中抽取出来的观察记实,然后将分析所得在小组内汇总,各组派代表在大会上发言;统计组内每位教师在撰写观察记录过程中遇到的困难。

观察记实

　　幼儿甲放下碗,拿起自己的茶杯去保温桶那里接了满满一杯热水,然后一手端着杯子,一手小心地扶着,慢慢走到自然角。走到自然角后,他将杯子放在自然角的花架上,把放在架子第二层靠里面种着花生的酸奶盒拿出来,把盒子放在能被太阳晒到的地方——花架的第一层。接着,他拿起杯子将里面的水缓缓倒下。水刚倒到一半时,盒子就满了,水从盒子的边缘溢了出来。

　　幼儿乙看到后很着急地对他说:"水太多了!太多了!我妈妈说只要让土湿了就行了。"幼儿甲停下手,瞪着眼睛看着幼儿乙。这时,我走了过去。在我的指导下,幼儿甲倒掉了花生盒中多余的水。

　　幼儿甲坐下来开始记录。他先翻了翻前面记的几页,然后找到空白的一页在左上角写上日期,并画了太阳(表示晴天),接着又开始翻看前面的记录,照着之前的样子画了一个酸奶盒,在里面画了一粒花生。

反思

　　任务一有别于以前的小组集体讨论,小组内成员先各自分析再小组汇总,使每位教师都能更认真地思考,更真实地感知、比较自己的分析能力,同时也可以使教师在接下来的案例分析中更加投入。任务二是主持人临时增加的,想顺便了解大家对观察记录的认识,同时也能增加教师们对本活动的关注程度。

二、大会交流——抛砖引玉

（一）各小组代表发言，陈述自己小组的观察分析

大班年级组的老师抢先发言，并笑称，这篇观察记实出自他们年级组的某位老师之手，所以他们先发言有助于其他年级组更全面地了解记实内容。主持人微笑着默许了。

大班年级组的代表："通过汇总，我们组对观察记实的分析主要有四点：一是幼儿甲很关心自己种植的花生，初步养成了精心照料自然角的意识和习惯；二是幼儿甲缺少必要的科学常识，不知道不能用热水浇灌植物，也不知道水不能一下浇太多；三是幼儿甲知道植物生长需要阳光；四是幼儿甲的记录能力比较弱，还只会照着之前的样子临摹。"

发言人还特别说明，该班种的花生可能是由于天气太冷的原因一直没发芽，所以幼儿甲每天观察记录到的内容都是一样的。

接下来，其他年级组的代表也分别发了言。他们对大班年级组老师的分析大多表示赞同，不过针对大班年级组老师对班级自然角的管理工作提出了质疑："如果老师能密切关注自然角内植物的生长情况，幼儿就不会做无用的观察和记录了。""从观察记实中可以看出，该幼儿长期用热水浇灌植物，而且中午（吃过午饭）浇水是不合适的，老师一直没发现吗？""在这么冷的天气里选择在自然角种植花生是不合适的。"……

在讨论中，主持人发现，个别教师过于关注观察记录中教师的表现，有的甚至只谈教师，忽略观察记录观察幼儿、了解幼儿的宗旨，这也是教师在进行观察分析时常见的误区之一。主持人决定顺势讨论一下这个话题。

主持人："观察记录的目的是什么？是关注幼儿与了解幼儿，还是评价自己的教育行为？也就是说，是关注幼儿还是教师？"

主持人的问题一提出来，教师们就产生了意见分歧。大家平时没有留意，大多是观察到幼儿就分析幼儿，观察到教师就分析教师。"应该是观察幼儿吧！"大部分教师这样认为，也有一部分教师觉得通过观察记录反思教师的教育行为也是提高教师专业能力的好途径，也应该是观察记录的目的之一。

这时，主持人站出来善意地提醒大家："请大家想一想，每次观察的时候，你事先选定的观察对象是幼儿还是教师，确立的观察目的是什么？"

部分教师好像意识到了什么，渐渐沉默下来。主持人接着说："其实能经常主动反思自己的教育行为也是一件非常有价值的事情，但我们常说内容要为目的服务，如果我们的目的是观察幼儿，就应该始终如一地围绕幼儿进行观察，不应该分散注意力。"

（二）各小组就"在撰写观察记录过程中遇到的困难"进行交流

各年级小组代表分别阐述了自己小组在撰写观察记录时遇到的一些问题。

主持人："通过大家的讨论，我们可以看出大家遇到的困难主要集中在以下三个方面：一是如何表述观察到的内容；二是如何区分客观描述和主观判断，并用书面语言恰当地进行分析；三是在对有些观察内容进行分析以后，教师确实很难再写出措施建议了。"

平时，60%以上的教师采用"叙事分析"方法，今天大家却都选择了"逐点分析"，这一点相信教师也没意识到。因此，我们可以这样认为，教师的理性分析能力是可以被激发和培养出来的，只是由于某些因素遏制了这种理性能力的发展，教师们一旦意识到并找到这些因素，"客观""理性"便不再遥远了。

三、案例对比——顺藤摸瓜

主持人："刚才大家的分析非常精彩，用逐条提炼的方式基本上把观察记实中的可分析点都挖掘出来了。关于这篇观察记实，我还准备了一篇观察分析，请大家比较一下这篇分析与我们刚才讨论过的分析有什么不同。为了便于大家讨论，我把刚才集体讨论中采用的分析形式叫作'逐点分析'，把这篇叫作'叙事分析'。"

> **观察分析**
>
> 　　幼儿甲特别关心他照顾的动植物。他带小金鱼到幼儿园时，恨不得一天喂无数次，就怕金鱼吃不饱。直到最后，小金鱼被撑死了。班上开始种花生后，他也表现得比其他小朋友热心，一直坚持每天给花生浇水。今天早上的天气有些冷，他居然用热水浇花生。
>
> 　　如果用一般成人的眼光来看，这是非常幼稚甚至"愚蠢"的行为，可是，当我知道他这么做的理由后，不由得被他的爱心所感动。幼儿有时会因为缺乏常识而犯错误，可是这其中表现出的爱心往往比常识更加宝贵。
>
> 　　当然，我们也要教给幼儿一些必要的科学常识，让他们的爱心发挥得更加合理。

　　当"叙事分析"被打到大屏幕上后，它很快在教师中引起了反响（这样的分析，教师太熟悉了）。大家普遍认为，逐点分析语言简练，分析的点比较全面客观；叙事分析行文自由，其间夹杂许多幼儿的日常表现和教师的感想，分析生动具体，但稍显累赘。同时，因为教师有着明确的感悟主题，导致他们在分析时往往遗漏一些有价值的点。

　　主持人："大家对两种分析的看法比较中肯，叙事分析是大家习惯采用的分析方式，不是说这种方式不好，只是就像大家刚才说的，叙事分析因为它的自由和教师感情色彩的影响，在一定程度上削弱了分析的客观性和科学性，如果教师把握不好，分析可能就天马行空、不着边际了。这里有一个问题：为什么平时大多数老师喜欢采用'叙事分析'，今天却无一例外都采用了'逐点分析'呢？"

　　这个问题让大家对这一现象也好奇起来，但很快就有老师一语道破其中的缘由："今天分析的是他人的观察记录，一条一条分析比较能说明问题；而分析自己的观察记录时，我们就往往看不清楚、想不明白了。"

　　这位老师的发言引起了其他老师的共鸣，大家热烈讨论起来："有时写完一篇观察记实特别有感觉，不知不觉就写了很多自己的想法，顾不上分析时有什么要求了。""一点一点地逐点分析虽然清楚，可如果找不到很多点，就干巴巴地写几句话多枯燥啊！""本班教师对幼儿比较了解，在分析幼儿当天表现时，难免把他们平时的表现联系起来，这样写，话就多了。""今天是大家一起讨论，所以想得比较多，如果自己想的话可能就挖掘不出这么多内容了。""大家好像从来都是这么分析的，从没想过对不对。"也有不少平时就采用逐点分析方式的教师表示，只要习惯逐点分析的方式，找到其中的规律，我们就更能深入挖掘观察记实的分析价值。

这时，大屏幕上出现一行字：跳出自我，以旁观者的姿态审视幼儿和自己熟悉的一切，理性与客观就近在眼前。

这时，有教师提出疑问："我们对他们那么熟悉，怎么可能完全以旁观者的姿态来看待幼儿呢？怎样才能做到跳出自我？"这一疑问直接引出了下一个要讨论的话题。

反思

言谈间可以看出，教师们对两种分析方式孰优孰劣已了然于胸。在主持人层层递进的追问中，大家用朴实的语言表明，他们正在认真反思，将自己观念上的盲区和"心结"公布于众。我相信，这种开诚布公对于每位教师都是一种观念上的冲击和突破。

四、策略探究——顺水推舟

主持人："这个问题提得非常好，这正是我们接下来要讨论的：'我们在分析时如何能够更加客观、理性？'"

随后，主持人给每人发了一张彩色的小纸条，请大家就这个问题写下自己感受最深的一句话。当黑板上渐渐被五颜六色的纸条占满时，个人的点滴想法汇成思维的洪流：

"不要怕别人会对自己班的事情说三道四，观察记录是给自己和幼儿的礼物，所以，'真实'最宝贵。"

"教师只有在不带班时，观察才有可能做到客观且不急于介入幼儿的活动。"

"不凑字数，言简意赅，有助于分析时切中重点。"

"别把观察记录当成教育随笔，即使有许多感想也要把重点说完了再说。"

"一句一句看记实部分，找找有没有可以分析的。"

"一分为二地看待幼儿，对于优秀的幼儿，我们要找找他们身上可进一步提高的地方；对于能力稍弱的幼儿，我们要找找他们身上的闪光点和潜能。"

"要想分析时客观，教师观察的时候就应该带着一颗平常心。"

……

> **反思**
>
> 　　没有主持人的引导和归纳，只有教师认真的思考和真实的想法。尽管有的教师平时可能没有以客观、理性的标准要求自己，尽管大家平时可能也想过这方面的问题，但今天，在经过前面的思维热身后，都必须给出一个自己可以接受的想法——一个真正属于自己的答案。"理性之舟"起航了。

　　关注幼儿，了解幼儿，我们要从学习观察幼儿开始。记录幼儿的活动过程与教师工作的点滴，可以使家长了解孩子在幼儿园的生活，密切家园之间的联系；可以让教师更好地理解幼儿，并在此基础上对自己的工作做出更为客观、全面的评价，促进自己的专业发展；也可以促进教师间的交流与互动。对于教师来说，每天的教学生活日复一日，枯燥而乏味。但是，因为我们面对的是成长中的多元化的孩子，所以，我们需要拥有一颗敏感、温柔的心，去发现他们每天带给我们的不平凡的感受。

当嫩绿变成了苍翠,在经历了春雨的洗礼后,不知不觉中,我褪去了稚嫩和羞涩。和孩子们一起成长,坚定了我对幼教事业的追求;一次次的研训活动,激活了我的教育智慧,激发起我不断面对挑战的勇气,激励着我在专业成长道路上永不懈怠。于是,我带着春赋予的活力,迈向热烈而躁动的夏季……

碧莲荷花
——踏上幼儿教师专业提升之旅

日复一日的工作看似雷同，却对每一个人的专业发展起着积累经验、积蓄内力的作用。一次次的教科研活动看似平常，一遍遍的实践反思看似在做重复劳动，收效甚微。但是，我们千万不要因为付出多而收获少就放弃努力，因为一点点超越的往往是一群人，一线之隔往往决定着伟大与平凡、成功与失败，也因为专业的提高是量变积累后达到的质变与飞跃。美国著名运动员迈克尔·约翰逊用10年时间，把自己的短跑成绩提高了一秒多，而这一秒多曾经使他成为世界上跑得最快的人。因此，只要踏实地走过一天又一天、一月又一月，我们在专业成长方面终究会有跨越的那一天。

　　在阳光孕育着接天的莲叶、朵朵红荷在风中摇曳的激情夏日，这些充满张力的研讨活动，就好似一片令人着迷的荷塘。那么，就让我们荷塘荡舟，一路览胜，领略它那迷人的画意，感受它那醉人的诗情吧。

1. 营造组织氛围：我与团队共成长

营造一种积极良好的氛围，无论对于个体的成长还是组织的发展都十分重要。一个快乐如泉、集体如家、和谐如诗的学习型幼儿园，可以激发个体的创造力和智慧，让个体感受到团队学习的乐趣与魅力，从而产生渴望参与团队学习的动机，进而能够积极主动地参与组织活动。在面对日益增长的优质教育需求时，只有这样的幼儿园才能保持一种积极向上、持续发展的不竭动力。

在幼儿园里，幼儿教师可以参与的团队学习活动是多种多样的，但是，那次我园组织的野外拓展训练，对于我来说既是一次全新的体验，又是一次全新的考验。训练时，那富有挑战性并充满欢笑的一幕幕场景至今还在我眼前浮现，让我深刻地体会到团队学习活动的智慧和魅力。

湖边的沙地上，教官让参与训练的教师按照1—5的顺序循环报数，顺序相同的归为一队，这样全体教师就被随机分成了5队。接着，教官给每队发了纸和笔，并让每队队员自行选出队长，定下队名，推出队号和队歌。之后，随着教官的口令，训练活动正式开始了。

一、团队热身

训练的第一项内容是队友间相互捏肩和捶背。老师们在日常的交往中很少有这么亲昵的肢体接触，更何况在这种随机组成的队伍中，成员间彼此不是很熟悉。在这种情况下，做这种亲昵的动作难免会让人感到尴尬和拘谨。但是，在这个时候，团队意识让大家抛弃了这些，伴随着关爱的语言"您辛苦了，让我用行动表达对您的关怀"，队员纷纷伸出自己的"关爱之手"。每个队都沉浸在温馨的氛围中。

心理学研究表明，良好的心理氛围，能激活人的脑细胞，开发人的思维潜能，从而更好地促进个体接受新知识，进行联想、综合、分析、推理等创造性学习，提高学习效率和质量，获得精神上的满足。有趣的团队热身活动加深了队员之间的了解，消除了大家的紧张情绪，创造了一种宽松、平等、愉悦的氛围，这种氛围有利于激发队员的"创造性张力"，开启他们的思维"闸门"，释放他们的智慧潜能。

二、齐眉棍

教官让每个队的队长选了一根长长的竹竿，要求全体队员都闭上眼睛，听他的指令把棍子上举、前后平移、下放，只要有一个队员出现手指离开棍子的情况就算失败。

这个看似简单的活动在实际操作中却并不简单。闭上眼睛后，每个人根本不知道其他队友的手指位置，队友间的个子高矮也不一样。教官要求把棍子举到眉毛处时，由于每个人的身高以及移动速度不一，很容易导致手指离开棍子。这时，能否顺利完成任务就要看各个队的协调能力了。有的队提出，一个人喊口令，其他队友听这个人的口令移动；有的队规定，矮个子的队员把棍子举到眉毛处，高个子的队员举到眼睛处即可；有的队先让一个队员找到棍子的中心点，其他队员一个个把手指放上去。整个场地上热闹极了，大家出谋划策，真可谓仁者见仁、智者见智。在比赛进行中，各队的风格不尽相同，有的队在别的队比赛时进行干扰，考验比赛队的抗干扰能力；有的队在发现其他队的方法更好以后就加以改进，为己所用；有的队则坚信凭自己的实力就可以取胜。

 **反思**

在这个环节的学习活动中，我们每个队之所以能够顺利地完成任务，与队员间的群策群力是分不开的，与全体队员拥有一种淡泊宁静的心态、众志成城的精神、深邃长远的目光是分不开的。整个活动的过程，也是每个队员成为"独立思考和判断的人"、实现"自我超越"的过程。

三、先救谁

随着体力的消耗，教官给大家出了一道智力题：某一个人的妻子和孩子同时落水，但只能救一个人。如果你是那个人，你会先救谁？在集中讨论后，每个队的想法都产生了。有的队说先救妻子，因为只要妻子在，就还能再有孩子；有的队说先救孩子，因为有孩子就有希望；只有一个队发表了不同的看法，靠谁最近就先救谁。一时间，大家议论纷纷。这时，教官公布了答案：那个人先救了妻子。这时，回答先救妻子的队发出了欢呼声。其他队不明所以，急切地要求教官说出理由，教官回答道："因为妻子离他最近。"原来这才是真正的答案。在落水救人这一特定环境中，本能才是真实的。

反思

这个活动告诉我们，关键时刻，"心智模式"决定着我们处理问题的方式。在这个活动中，不同的观点促使大家展开了你来我往、互不相让的争论。在先救"孩子"还是先救"妻子"的争论中，大家的思维不断碰撞，旧有的"心智模式"显现出来并得到改善。

四、大怪物

新的训练活动又开始了。这次，教官出的题目是，每个队派出6名队员搭建怪物造型，要求只允许有4条腿、3只手落地，还必须前进3大步。只见沙滩上各个队在不停地摆着各种造型，各队的小个子和体重轻的老师不时地被举到最上面，随后又人仰马翻、倒落在地，而被当作"桩子"的老师则不时哀求上面的人："快点，我要吃不消了。"还有的队搭好造型还没移动就全部倒下来了。

比赛开始了，有的队用 4 名队员搭成轿子，其他两人一个趴在轿子上，单手着地向前走，另一个腿搭在轿子上，两只手向前移动，这个造型向前移动了 10 步；有的队三人一排都是单腿着地，上面还架着一个队员，前面的两个队员一个单腿着地，还有一个双手着地，后面的队员抱住他的腿前进……每一个队的成功都能得到其他队热烈的掌声。比赛结束，4 个队完成任务，1 个队失败。

> 这个活动要求队员开拓思维，大胆想象，要求队员之间分工合作，让队员在身体接触中体会集体巨大的凝聚力，体会每个人的成长、成功都离不开他人的支持与帮助。同时，要求团队把个人提出的较好建议上升为团队的建议，通过团队的集思广益，形成以资源共享为基础的学习模式，使个人的知识储备变为团队的知识资本；要求队员学会换位思考，设身处地地为别人着想，而不是把自己的标准强加于人。

集体是由不同特点的个体组成的，每个个体都是一个独立的资源体，集体汇集、融合个体资源，形成丰富的整体资源库，而个体从中分享资源，又趋向富有。在幼儿园集体中，加强幼儿教师间的合作研究和交流，形成相互信任、共同分享、合作与支持的行为规范，共同探索专业发展的新理念和新途径，可以帮助幼儿教师保持持续的学习和发展动力。

五、盲人方阵

教官要求各队队员闭上眼睛，利用手中的长绳走出不同的队形——三角形、正方形、圆形。在练习时，我们发现，刚开始进行时，我们队秩序混乱，有些队员不知道该怎么办。后来经过讨论，我们队确定了方案，在队长的领导下，我们队顺利地完成了这次任务。

在这个活动里，制订一个正确的方案是重要前提。我们采取民主制，通过讨论，由队长初步选定方案，然后再由队员进行补充，最后确定方案。在方案的执行中，队员要严格按照队长的要求进行，遇到突发情况时要及时报告，不得擅自行动，要考虑团队的整体利益。由此可见，队长是整个团队的核心，队员对队长的服从以及对整个团队保持积极性是完成任务的重要保证。

彼得·圣吉指出："没有共同愿景就没有学习型组织。"在这个活动中，大家民主讨论制订行动方案，并将其作为全体队员要实现的目标。在实现目标的过程中，大家懂得了如何融入一个团队以及如何共同建设一个团队。服从领导、工作到位及保持积极的工作态度是最重要的。

拓展训练共有五个活动，每个训练活动都能给我不同的启迪。通过这次拓展训练，我了解了团队学习的机制，明白了个人的思维活动在团队中就成了队员之间的思维活动。这次拓展训练让我对自我和团队有了一种全新的认识和思考：

①团队精神与合作意识。以前我们经常唱"团结就是力量，这力量是铁，这力量是钢"，但真正体验到这种力量"比铁还硬，比钢还强"，要数这次拓展训练了。拓展训练中，我们每个队能够顺利完成活动任务与每个队的队员齐心协力、团结合作密不可分。这让我不由得想起幼儿园这个大集体，看似不相关的各个部门，其间却有着千丝万缕的联系。正如同一支篮球队，前锋、中锋、后卫虽然各司其职，但大家的目标是一致的：防守，阻止对方的进攻；进攻，挫败对方的防守。靠单打独斗，队伍是不会取得优异成绩的，只有所

有队员齐心协力，才会创造 1＋1＞2 的可能，我们的工作才会跃上新的台阶。

②计划的重要性。在工作过程中，我们需要有一套既可处理复杂问题又可处理简单问题的方案，这样，我们才不会因为时间紧、任务重、出现突发状况而乱了阵脚。只有事先进行整体的构思，做好计划，合理组织安排工作，我们才能有高效率的工作绩效。否则，很可能是事倍功半，甚至是做无用功。

③敢于尝试，不轻言放弃。在工作中遭遇挫折，是选择放弃还是继续尝试？相信自己，大胆地迈出第一步。倘若丧失了信心，那就注定要失败。人需要一点精神，需要一点不到最后绝不放弃、永不言败的意志与毅力，这是我们战胜一切困难的力量源泉。一旦具有这种精神与力量，我们就会视困难如泥丸，视坎坷如坦途。如果始终保持这种积极的心态，我们就没有克服不了的困难，没有翻越不了的高山。也只有这样，成功的殿堂才会离我们越来越近。工作如此，生活如此，人生亦如此。

④要有奉献精神。每个团队的发展都需要奉献者，充满奉献精神的人是可亲可敬的，是他们托起了整个团队的希望。这样的奉献者是团队建设所必需的。优秀的团队要求每一名队员都具备这种奉献精神，具备为了团队的目标与荣誉，随时准备牺牲自身利益的精神与勇气。

2. 学科教研组：我的组长我的组

幼儿园学科教研组是幼儿园对教育教学工作进行管理和开展园本教研的基层单位，是幼儿园重要的学习小组。教研组以园本教研为主要形式，以组内教师的教学问题为主要内容进行教育教学研究。它在推广先进的教育教学经验，提高教育教学质量，促进教师之间的交流协作和教师的专业成长，形成学习型教师团队以及研究型教师团队方面具有不可低估的作用。那么，教研组是如何开展工作的呢？

我们都看过群雁飞翔，头雁鸣叫，用高昂的号令指挥雁群每一次的振翅和滑翔，实现步调一致。雁阵齐飞，以"V"字形或"一"字形排开，用阵形的变换去搏击气流，削减阻力。这种团队飞行的方式创造了高出单飞71%的飞行速度纪录，使它们花最少的力气飞行最长的距离。与群雁飞翔一样，幼儿园的教研组就是一个"雁阵"，教研组组长犹如"头雁"一样带领着组里的组员，以较强的团队协作精神进行教学反思和研讨共享，以提高教学研究水平和教学质量。

（1）学科教研组组长的工作

一个优秀的教研组，首先要有一位如"头雁"的教研组组长。他既要拥有开阔的学术视野，具备营造民主和谐的教研氛围以及引领求真务实的"园本研究"的能力，又要有学在前、做在前的率先垂范的精神，这样才能更好地带领团队、建设团队。在教研活动中，教研组组长需要负责的事情如下：

①确定教研组成员，成立学科教研组。在教师自愿报名的基础上，选取不同年级、不同层次的学科教师组成。教研组成员可以一个学年轮换一次，以保证每位教师都能参加教研组的活动。

②分析归纳教研活动主题，制订研讨计划。组长首先要认真听取科任教师有关学科教学的想法，了解他们在教学实践中产生的困惑、遇到的难点，然后根据现有教材的特点，分析归纳出学科教学中急需解决的主要问题，制订研讨计划，确定研究方法。

③组织研讨活动，提高教研实效。每一次研讨活动，教研组组长都要做到：预先告知，早做安排，为活动做好充分准备；在活动中充分调动教师参与的积极性，调控活动现场气氛，认真进行点评，讲究活动的实效性。

④热情帮助他人，使教研组成员在教研活动中得到成长。这些帮助包括：提供学科教学资料；对新教师进行有针对性的指导；为每位组员提供积极参与的机会；常与组员在一起，探讨大家在学科教学中遇到的问题。

⑤总结经验，积累资料。幼儿园教研组兴起的时间还不长，教研工作还在摸索过程中，因此，教研组组长要善于思考和总结，不断探索教研组的管理方法和活动形式，让教研组真正发挥它应有的价值。

（2）学科教研组的主要任务

根据幼儿园的总体安排，结合具体学科特点，创造性地开展行之有效的教研活动，积极探索具有幼儿园特点、学科特色的教研模式，以整体把握某一学科的教育教学任务和内容，促进教师专业发展及学科教学质量的提高。

（3）学科教研组的教研形式

教研组的教研形式主要有两种：

①以个人反思的形式开展的教研活动。这种形式的教研活动要求教师通过个人反思，反思教学行为，总结工作经验。比如，要求教师每月上交一个案例分析、一篇教育随笔、一则学科区域活动观察记录、一篇研讨活动记录。

②以同伴互助的形式开展的教研活动。这种形式的教研活动包括：

a.亮点发布，即要求每位教师轮流向大家介绍一些好的教学方法或技巧。这些方法或技巧既可以是自己的经验总结，也可以是从其他途径获悉的。

b. 好文章推荐，即要求每位教师轮流向大家推介一篇有关学科教学的好文章，可以是理论方面的，也可以是教学实践方面的。

c. 话题讨论，即在教研组组长的组织下，大家畅谈自己在教学实践中遇到的困惑，探讨解决问题的策略。

d. 教学观摩活动，即教研组组长根据教研任务安排以及幼儿园课程设置目标组织组员观摩其他教师的公开课，然后一起讨论、评议。幼儿园经常采用的教学观摩活动形式有两种：一是学科骨干教师教学观摩活动，即利用学科骨干教师的教学资源，让学科骨干教师为教研组其他教师展示一节公开课，以学习骨干教师新颖的教学方法和科学的教育理念；二是师徒结对式教学观摩活动，即让年轻教师拜同一教研组内有经验、有特长的教师为师，让他们观摩"师傅"的教学活动，以帮助他们尽快地掌握某一学科的教学内容和教学技巧。后一种形式对新教师的专业成长会起到更大的促进作用。

（4）确定教研主题，进行教研活动

对于在教学实践中遇到的困惑或者难题，不能采取"头痛医头，脚痛医脚"的方法，而要抓住问题的实质，有计划、有重点地进行研究。只有这样，才能从根本上解决问题，才能获得理论的提升、确立正确的教育观以及提高我们的教育教学水平。例如，在数学教育活动中，当某些幼儿不愿意按照老师创设的情境、使用老师提供的材料参加活动时，我们是尊重幼儿的选择，还是要求他们必须参与？这个很具体的问题揭示了我们在教学实践中遇到的一个普遍性问题，即"教师如何解决尊重幼儿的自主选择与按时完成教学任务之间的矛盾"。只有解决了这个普遍性问题，当遇到类似的问题时，我们才能"有法可依"。

确立了教研主题，接下来就要进行教研活动了。我们可以采用的教研方法有：

①案例引导法，即以真实、典型的案例中的问题为研究突破口，获得解决同类问题方案的教研活动方法。

案例引导法的实施步骤是：设置案例—集体对案例中的问题进行研讨，

得出可能解决问题的几种方法—在实践中尝试解决案例问题—总结问题解决的有效经验与规律—迁移经验解决新情景中的同类问题。

案例引导法运用得比较多，很多观摩研讨活动采用的都是这种研究方法。

数学学科教研组活动案例

活动背景 ▶▶▶

数学学科教研组成员观摩了小、中、大三个班的数学活动。

现场准备 ▶▶▶

（1）座位安排：小组形式，教师2~3人一组，团团围坐在一起。

（2）操作材料：每组黄绿两种长条卡纸各1张、水笔1支、白纸1张、红色小圆片贴纸人手一个。

（3）移动黑板两块，上面分别写着"成功之处"和"有待改进之处"。

导入活动 ▶▶▶

主持人带领大家做游戏，活跃气氛，放松心情。

活动过程 ▶▶▶

一、全体参与，卡片交流

（1）主持人提出要求："以欣赏的目光发现成功，以审视的姿态挑剔不足。请老师们回顾上午的三个活动，把你们认为最成功的一点写在绿色的纸上，觉得最需要改进的一点写在黄色的纸上。"

（2）教师小组讨论，写出优缺点。（4分钟）

（3）每组选一名代表上台发言，并把写有优缺点的黄绿卡纸分别贴在黑板上的"成功之处"和"有待改进之处"。（每人的发言时间不超过3分钟）

（4）鼓励与会人员自由发表意见。（10分钟发言时间）

二、圆点表决，生成主题

（1）教研组成员进行圆点表决。在"有待改进之处"的问题中，主持人要求教研组成员把手中的红色圆片纸贴在自己认为最需要改进的那一个问题上，得圆片数量最多的那个问题就是今天要探讨的问题。

（2）主持人根据表决结果进行总结："真是'英雄所见略同'。得票最多的'有待改进'的问题是'在活动中，教师应如何引导幼儿根据自身的能力选择适合自己的材料？'。今天，我们就把这一问题作为本次讨论的主题。"

三、分组讨论，集体研究

各组就今天的研讨主题进行认真讨论，并做好记录。（4分钟）

四、大会交流，建构新知

（1）各组推荐一位代表发言。（每人的发言时间不超过3分钟）

（2）鼓励与会人员自由发表观点。（10分钟）

（3）主持人归纳："刚才老师们提出了很有价值的问题，并且谈了很多有意义的想法和建议，包括（电脑输入）：让幼儿有更多的机会可以自选活动材料，培养他们自主选择的能力；充分了解幼儿，根据幼儿的操作情况，及时帮助他们调整材料，进行有针对性的指导，使每个幼儿的能力都能在原有基础上得到提高；提供的材料要有层次性，可以采用跑组的方式进行，以便让幼儿有多种选择的机会；耐心等待，满足不同幼儿的需要；向区域活动延伸；让幼儿学会自我评价；合理评价幼儿，让幼儿在获得成功感的同时，学会正确认识自己。"

五、主持人总结

今天的三个数学活动案例，让我们再一次看到了孩子们学习数学是在喜欢的活动中进行的。瑞士儿童心理学家皮亚杰指出："抽象的思维起源于动作。"在动作基础上建构起来的数学知识，是真正符合幼儿年龄特点的、和他们的认知结构相适应的知识，也是最可靠的知识。让幼儿操作、探索，就是要让幼儿通过自己的活动建构数学知识。幼儿真正需要的不是数数、分类、比较等技能，而是在充分的操作和尝试中得到领悟，获得一种逻辑经验、一种数学的思维方式。幼儿一旦具备了必要的逻辑经验和思维方式，学习相应的数学知识就不再是什么困难的事情了。教师"教"的目的，并不仅仅是为了教给幼儿某一类知识，而是为他们提供学习的环境，为他们与环境相互作用提供支持。

《幼儿园教育指导纲要（试行）》指出："幼儿园教育应关注个别差异，促进每个幼儿富有个性的发展。"我们只有实行个别化教育，才能达到促进每个幼儿富有个性的发展的目标。个别化教育也就是我们通常所说的因材施教。体现在集体教学中就是：教师设问的个别化；教师应答的个别化；幼儿表现方式的个别化；材料提供的个别化；教师辅导、帮助的个别化。其中，对"材料提供的个别化"的要求不难满足，我们可以为幼儿提供不同层次、不同难度的材料，可是如何帮助幼儿选择适合自己的材料，真正关注每个幼儿的发展，这是目前数学教学中我们碰到的一个难题。今天我们就这个问题进行研讨，老师们都进行了积极思考，畅所欲言地谈了自己的想法。我们不求得到解决问题的标准答案，只希望通过今天的活动能给大家带来一些启示，使大家在数学教育实践中有所借鉴。

我们教研组接下来的任务，主要是对"在活动中，教师应如何引导幼儿根据自身的能力选择适合自己的材料"这个问题进行实践性研讨，具体要求是（电脑输入）：

- 在实践中尝试用以上方法解决问题（着重在"引导"上面下工夫）。
- 继续探索更有效的方法。
- 交流解决问题的有效经验。
- 迁移经验解决其他学科领域中的同类问题。

②对话讨论法，即以问题为中心，教师们各抒己见、共同探究的教研活

动方法。

对话讨论法的实施步骤是：主持人预先告之讨论议题—大家分头收集信息，做好讨论准备—交流意见或辩论—主持人概括讨论结果，提取问题解决的经验。

当教研组遇到一些需要大家在研讨前做一些准备工作、收集一些研讨材料、理清思路的议题时，如探讨有关环境创设的问题、探讨有争议的教学观念或方法等，一般可以采用对话讨论法。

③引导探索法，即组织引导教师针对问题，通过自己的教学活动，多角度探究解决问题的策略，从而获得教学经验、形成自我结论的一种教研方法。

引导探索法的实施步骤是：提出问题—调动先前的知识经验，吸取新信息，提出解决问题的假设—在教育实践中验证解决问题的假设，补充调整—对解决问题的假设进行回顾，完善总结，形成自我结论—交流自我结论，整合解决问题的策略。

例如，对于"数学操作活动中教师的指导策略"这个问题，我们就可以采用引导探索法。教研组组长可以先在学科教研组里提出这个问题，接着让老师们回忆自己平时采用的指导策略，然后，把收集到的信息介绍给老师们，请他们根据个体原有的经验，并结合新的观念谈谈自己的想法，再由组长汇总提炼，列出几种方法让老师们分头去实践探索，教师在实践中不断探索反思，形成自我结论，最后再组织教师进行交流。经过归纳整理、提炼加工，教师对"数学操作活动中教师的指导策略"有了新的认识。

采用引导探索法能照顾到教师的个体差异，发挥他们的特长，获得解决问题的多种方法与策略，同时，也有利于培养教师独立思考和解决问题的能力。

④引导性问答法，即根据活动目标，以问与答的方式引导研讨思路，控制研讨活动流程的一种方法。在活动中，教研组组长根据活动目标设计好一系列具有启发性、思考性的关键性问题，以问引答，以问促疑，以问导思，围绕活动重点推进、控制活动的方向、进程和节奏。

引导性问答法的实施步骤是：设计问题—引导作答—提取要点，点评反馈。

引导性问答法要求教研组组长吃透问题的实质，一般"教育沙龙"、对教育热点问题的讨论可以采用这种形式。

通常情况下，一次教研活动进行下来并不会只采用一种教研方法，而是多种教研方法共同发挥作用。至于采用哪几种教研方法，教研组组长在教研活动中要灵活掌握。

3. "一课三议"式研讨：我的课大家上

"一课三议"式研讨活动是幼儿园教研组课例研究中主要采取的一种研究形式，即教研组教师针对同一教学内容进行教学，通过全组教师的集体备课、听课、评议等多次实践研究活动来改变教师的教育观念及行为。它是一种基于实践反思的研讨式活动。在活动中，教研组教师可以比较不同的教学策略、尝试新的教学方法和组织形式，研讨教学中的困惑、存在的问题及目标的价值取向等。研讨的过程促使教师将理论与实践相结合，养成反思的习惯，同时加强了组内成员之间的合作，较好地促进了教师的专业成长。

案例：让"蛋宝宝"站起来

活动背景 ▶▶▶

幼儿园科学学科教研组商讨确定把"让'蛋宝宝'站起来"作为全园研究的课例，并让小（1）班的张老师先上，紧接着全组老师一起为张老师出谋划策。大家认为，这次教学活动的难点是让幼儿想办法使用辅助材料使"蛋宝宝"站起来，目的是培养幼儿的动手能力及做事耐心、细致的态度。几天后，张老师写出了详细的教案，并选择在自己的班上实施。

活动过程 ▶▶▶

一、张老师组织教学活动

当小朋友在操场上做操的时候，张老师在教室里的每张桌子上放好"蛋宝宝"（在空蛋壳上画上了"蛋宝宝"的模样）。

师（在小朋友们进教室之前）：小朋友们，我们要像解放军叔叔一样很神气地走进教室。

（幼儿走进教室，回到自己的座位前站好）

师：小朋友们站得真神气！你们看看，你们面前的桌子上放的是什么？

幼："蛋宝宝"！

师："蛋宝宝"也想和你们一样站起来，请小朋友们想想办法，让"蛋宝宝"也像你们一样站得很神气。

（很多幼儿并没有认真听老师讲话，也没有按照老师的要求去做，而是好奇地拿着"蛋宝宝"左看看、右看看）

师：请你们用盘子中的材料帮助"蛋宝宝"站起来。

（教师又把"活动要求"说了一遍，之后走到各个小组里进行指导）

大家觉得活动一开始幼儿就没有按老师的要求去做，操作也没有达到目的，原因之一是，张老师没有及时判断出幼儿当时的心理需要，即幼儿在当时最想做的是什么。当幼儿走进教室时，他们的目光一下子就被摆放在桌子上的"蛋宝宝"吸引住了，很显然，此时幼儿对观察"蛋宝宝"是最感兴趣的。遗憾的是，教师并没有察觉到幼儿的心理需求，没有让他们去观察，而是忙着向他们提出要求。原因之二是，张老师过分依赖事先设计的环节，现场应变经验不足。

在科学活动中，幼儿对教师提供的材料很好奇，这是很自然的，因为激发幼儿对材料的兴趣是教师选择教学材料时应遵循的原则之一。当幼儿看到新的材料时，他们的第一反应是想去摸一下、摆弄一下，而不是安静地听老师讲各种要求。张老师一开始就忙着向幼儿交代活动要求，这显然是不适宜的。而一旦幼儿没听清老师的操作要求，就必然会影响他们的操作质量。大家觉得主要问题是，教师要因势利导、创造条件来满足幼儿想"动一动"的愿望，在此基础上再向幼儿提出操作要求。

讨论后，教研组组长让小（2）班的李老师重新备课。两天后，李老师在自己的班上实施了这节课，教研组的其他老师一起去听课。

二、李老师组织教学活动

师：小朋友们，你们看看，你们面前的桌子上有什么呀？

幼："蛋宝宝"。

师：请小朋友们看一看"蛋宝宝"是什么形状的，用小手轻轻摸一摸"蛋宝宝"的"皮肤"，看看会有什么感觉。

（幼儿拿着"蛋宝宝"看看、摸摸，还玩玩其他操作材料。老师走到各个小组提醒幼儿："蛋宝宝"要轻轻拿、轻轻摸，要不"蛋宝宝"会哭的）

师：谁来说说"蛋宝宝"是什么样子的？

幼："蛋宝宝"圆圆的。

师（拿出乒乓球做比较）：有没有像乒乓球这样圆？

幼：没有，"蛋宝宝"有点圆，有点长。

师："蛋宝宝"的皮肤是光滑的还是粗糙的？

幼："蛋宝宝"的皮肤是光滑的。

师：之前，桌子上的"蛋宝宝"都在躺着睡觉，它们现在醒了想站起来，请小朋友想想办法，帮助"蛋宝宝"站起来，好吗？

幼：好！

（幼儿操作，利用辅助材料让空的蛋壳立起来。对于能力弱的幼儿，老师则提醒他们使用瓶盖或沙子这些简单易行的材料试试，帮助他们获得成功）

……

小组二议

大家觉得李老师改进后的这节课有两个优点：一是先让幼儿操作材料，满足了幼儿当时的心理需要，之后才向幼儿提出活动要求。这样做，

> 除了可以保证幼儿较认真地倾听外，还有利于帮助幼儿形成新的认知冲突，而这种冲突会驱使幼儿继续积极地想办法。二是以游戏的口吻向幼儿提出要求，有利于激发小班幼儿探索的兴趣。
>
> 　　不过，李老师的课也存在一些问题：小班幼儿由于生活经验少，在第一次操作的时候就有人把"蛋宝宝"弄碎了；再加上小班幼儿动手能力差，有部分能力弱的幼儿不能让"蛋宝宝"站起来，需要在老师的帮助下完成。
>
> 　　正是在这种情况下，教研组组长钱老师决定下周在小（3）班由自己来上第三次课。

三、钱老师组织教学活动

师（在前一天离园的时候）：请小朋友今天晚上回家后，让爸爸妈妈准备一个生鸡蛋，然后和爸爸妈妈一起画一个"蛋宝宝"，明天带到幼儿园。

（告知家长让孩子带一个生鸡蛋到幼儿园的目的）

师（第二天早晨孩子入园的时候）：你要小心保护好"蛋宝宝"，可别让你的"蛋宝宝"受伤了。

（在保管的过程中，有的幼儿把鸡蛋弄碎了，老师拿出备用的给他，并要他好好爱护）

（上课了）

师：谁来讲讲，你是怎样保护你的"蛋宝宝"的？

幼1：我是拿在手里的。

幼2：我是放在小盒子里的。

幼3：我放在小橱里，它要滚动，我就用积木给它搭了一个"家"。

师：可可，请你告诉大家，你的"蛋宝宝"怎么了？

可可：我不小心，"蛋宝宝"从桌子上滚下来碎了，后来老师又给了我一个。

……

师：小朋友真会动脑筋，想出了许多办法来保护"蛋宝宝"。现在，轻轻地请出你的"蛋宝宝"，放在桌上的盆子里。

（幼儿将自己带来的"蛋宝宝"放在盆子里）

师：你们的"蛋宝宝"都睡醒了。现在，它们想站起来看看我们的小朋友，你们能帮助"蛋宝宝"站起来吗？

幼（很自信）：能！

师：好！怎样才能使"蛋宝宝"站起来呢？你们看看，桌子上还有些什么（桌子上有瓶盖、棉花、沙子、积木、橡皮泥等）？这些东西能不能帮上忙？

（幼儿在操作的时候，钱老师到各个小组去，鼓励能力强的幼儿尝试用多种方法让"蛋宝宝"站起来。例如，当聪明能干的涛涛很快地想到了把"蛋宝宝"放在瓶盖上，并成功地让"蛋宝宝"站起来后，钱老师在肯定他成功的同时，要求他再用其他材料试试。有些幼儿动作发展比较迟缓，操作上有一定的困难，钱老师就要求已完成的幼儿去帮助他们合作完成。例如，亮亮已经成功地让"蛋宝宝"站起来了，可他旁边的舟舟因为胆小，不敢动手尝试。于是，钱老师请亮亮帮帮舟舟的忙。只见亮亮找了个瓶盖，叫舟舟把蛋放上去，由于瓶盖太大，"蛋宝宝"放上去还是要倒，于是他们俩又一起往瓶盖里放沙子，直到"蛋宝宝"能站起来。舟舟的脸上也终于露出了笑容。由于孩子们的互相帮助，能力弱的幼儿也获得了成功）

……

小组三议

针对本次活动，钱老师谈了自己的想法和感受："第一，让幼儿自己带生的鸡蛋来，并且保管一段时间，可以让幼儿感知到蛋是易碎的，而且是会滚动的，要想让它不滚动就得用东西固定，同时通过保管还可以培养幼儿的责任心；第二，通过交流，让幼儿相互了解到固定蛋的一些方法，为接下去的操作积累相关的经验；第三，在操作过程中，我对幼儿提出了

> 不同的要求，目的是让每个幼儿都得到最好的发展，包括他们学习的主动性、探究性、合作性，使每个幼儿都尝到解决问题、获得成功的喜悦。"老师们听了钱老师的发言，或点头表示赞同，或一言不发、若有所思。结束时，钱老师还给大家提出了一个问题：假如让你上这节课，你会怎样上？
>
> 教师们带着问题再去探究、创造，努力推动教研活动向纵深发展。

"一课三议"式研讨活动的不断深入，留给我们无限的思考。它告诉我们，不管是在活动方案设计方面还是在观摩评课方面，我们都要考虑："如果这节课由我来组织，我准备怎样做？""我为什么要这样组织？""活动中有什么好的经验可以借鉴？""有什么不妥之处，为什么？""有哪些更好的方法？"我们在组织幼儿活动的过程中，要时刻关注幼儿的发展，时刻问问自己"为什么"。只有这样，我们才能逐渐改变传统的思维方式，学会反思，学会用新的理念来审视自己的教学行为，发现许多自己从未意识到的问题。如果条件允许，"一课三议"活动还可以选择不同幼儿园的老师来进行，那么，活动碰撞出来的思维的火花会更多，教师的收获也会更大。知识不是专家生产出来传递给教师、再由教师传递给孩子的，而是在教育活动中由教师和孩子共同构建出来的。

4. "游戏化"研讨：教学研讨的快乐故事

儿时，让我最开心的事，莫过于一场大雨过后，迫不及待地甩掉两只拖鞋，奔到树旁，细心寻找树旁的小泥洞。虽然有的小泥洞从外面看只有一二毫米那么大，但只要用手指抠进去，这些小泥洞就会变成栗子般大小。最让我期待的是，随着泥洞的抠开，从里面慢慢悠悠爬出的蝉蛹。那份发现的惊喜、那份捕获的激动一直萦绕在我心中，藏在我的记忆深处。让我备加珍惜与难以忘怀的这种感觉，若干年后又重复出现在我们的专业学习——"游戏化"研讨活动中。

培养乐于研究、善于研究、享受研究的教师，这是许多幼儿园的发展目标。在对园本教研进行反思的过程中，大家认识到，教研活动并非一定是理性、单一和枯燥乏味的，也可以是感性、生动和充满情趣的。如果我们在教研活动中注入游戏的精神和诗性的智慧，就可以让大家不断地保持研讨的热情，充分地享受研讨的快乐。那么，如何使看似严谨枯燥的教研活动变得趣味盎然，让研讨者从情感上得到享受，让研讨的课题变成大家关注的焦点呢？这就需要我们把研讨活动"游戏化"。请看下面的三个研讨活动。

活动一：研讨音乐会

活动背景 ▶▶▶

音乐活动研讨会，也可以办成研讨音乐会，让参与者感受音乐的魅力，体验研讨的快乐。

研讨活动开始前，大家观摩了音乐学科教研组三位老师展示的公开课"摸摸鼻子""菠菜"和"小鸟"。

活动过程 ▶▶▶

一、"昨日重现"

主持人首先根据活动的来源,将三个活动分成模仿版、改进版和原创版,然后在《昨日重现》(Yesterday Once More)的背景音乐中,邀请三位老师讲述她们的活动设计思路。三位老师进行了不同侧重点的反思:

模仿版吸取了原创版哪些好的经验,进行了哪些调整?

改进版对原创版做了哪些改进,还需要做哪些改进?

原创版的活动是如何产生的,教学的意图是什么?

二、"喜洋洋"

伴随着《喜洋洋》的音乐,主持人提出新的问题:"三个音乐活动运用了哪些美术元素,效果如何?"在回答问题前,主持人先对大家进行了分组,一共有六组,分别是"核心组"(由教研组组长以及副组长组成)、"小班组"、"中班组"、"大班组"、"分园组"(由前来参加教研活动的分园老师组成)、"嘉宾组"(由受邀前来观摩的嘉宾组成)。分组完毕之后,主持人带领大家玩起了掷骰子的游戏,骰子六面分别写有各组名称,主持人先投掷,掷到朝上的一面,该面所在的小组代表就要回答问题,之后由回答者继续玩掷骰子的游戏。

三、"歌迷见面会"

主持人先请老师们听音乐:"听听三首歌(王菲的《人间》、阿杜的《坚持到底》和那英的《一笑而过》),猜猜是谁唱的?"然后,请大家把自己喜欢的歌手的名字写在小纸片上,并由此进行分组。接着,主持人出示由核心小组商定的问题,如师幼互动在音乐活动中应该如何体现,供大家讨论。

老师们分组讨论完毕之后,伴随着悠扬的萨克斯音乐《回家》,纷纷回到自己的座位。在集体交流时,每组都对自己的文字做了一番梳理,运用了很多有趣的或诗意的语言,如老师在与孩子互动时,"需要零距离的身体接触,远程的眼神放电"。

四、"阳光总在风雨后"

主持人播放《阳光总在风雨后》的音乐，并解释了在此播放这首歌曲的含义："经过热烈讨论，我们澄清了观念，分享了经验，获得了认识的提升。此时，我们的心底犹如掠过一缕阳光，感到分外的幸福！"之后，主持人分别邀请新教师和老教师谈了自己的收获。

> 在研讨活动中，主持人巧妙地将三个音乐活动的研讨，变成了一场别开生面、情趣盎然的音乐会。整个研讨过程中，快乐与美妙的音符一直跳跃在每个参与者的心中。

活动二：研讨故事会

活动背景 ▶▶▶

语言学科教研组的三位老师分别进行了"熊宝宝的小芽芽""为什么我不能"和"拍花箩"三个不同年龄班的语言活动，但在随后的研讨活动中，我们发现三个活动中存在着不少问题。于是，我们又请教研组的另外三位老师分别对这三个活动进行了改进，并在全园展出。之后，大家进行了探讨。因为语言活动的特点，主持人无意中将这次研讨活动组织成了一个有趣的研讨故事会。

活动过程 ▶▶▶

一、你说我说

由于活动先后进行过两次，有一部分教师两次活动都观摩过，而其他教师只观摩过改进后的活动。鉴于此，主持人巧妙地对全体教师进行分组，将只观摩过改进后活动的老师纳入"第一次约会组"，而将观摩过两次活动的老师纳入"第二次握手组"，并提出不同的问题，使得研讨更有针对性和有效性。

对"第一次约会组"提出的问题：活动存在的核心问题是什么？有什么建议？活动中有没有值得借鉴的地方？

对"第二次握手组"提出的问题：前后两次活动，存在的核心问题有没有变化？材料和实施策略是如何调整的？

二、有请"当事人"

主持人邀请实施改进活动的三位老师到前台来，并询问他们："你们为什么对活动做出后面的调整？"

三、最终印象

主持人说："三位执教老师有什么独特的见解和值得借鉴之处呢？不妨听一下观摩老师的评价，说不定对我们很有启发。"接下来，观摩过这些课的老师纷纷发表了自己的看法。我们发现，三位老师对别人的建议都采用了积极接纳的态度。

四、请多指教

研讨活动最后，园长进行了点评，并提出了一个全新的问题：怎样把幼儿被动的、外控的学习转变成主动的、内控的学习？这也给我们下一次的研讨活动指明了方向。

> 整个研讨活动就像开了一个故事会，不同角色娓娓道出自己的所见、所闻、所感。"旁观者"——观摩老师讲述了自己的所见、所感，"当事人"——三位执教老师讲述了自己开展活动的初衷，整合在一起，就是一个有着起因、经过、结果的完整故事。
>
> 活动中，主持人用形象化、游戏化的方式将老师们进行科学合理的分组，让老师们在快乐、放松、自然的气氛中进行研讨，更有利于达到教研目的。

活动三：研讨阅读会

活动背景 ▶▶▶

多元阅读的观念告诉我们，阅读的形式是多种多样的，阅读的内容是丰富多彩的，阅读的方法是精彩多变的。把多元阅读的理念应用于研讨活动，就意味着我们完全可以把有关早期阅读的研讨会开成丰富多样的研讨阅读会。

活动过程 ▶▶▶

一、糖纸藏秘

主持人是这样进行开场白的："很多人都有过收集糖纸的经历，那一本本精心收集的糖纸何尝不是自然的早期阅读书籍呢？所以，在吃糖的同时请别忘了阅读一下小小的糖纸，看看它是什么颜色的？"接着，主持人请持相同颜色糖纸的人员组成小组，让他们自定发言人、记录人、时间控制员，并用自己擅长的方式进行相互介绍。

二、嘉宾揭秘

主持人:"阅读活动不再是单纯地阅读书籍,它是多元化的。我们可以阅读糖纸,可以阅读说明书,还可以阅读什么呢?"接着,主持人邀请专家用独特的方式介绍自己。原来,除了语言,通过绘画、动作也可以让别人"阅读"自己呢!

三、趣味揭题

主持人出示问题袋:"这些不同形状的纸团,意味着老师和家长在阅读方面遇到的形形色色的问题,也是每组将要观摩的活动和讨论的问题。"接着,主持人请各组代表领取问题袋,确定好本组将要观摩的对象及要讨论的问题。

四、活动观摩

各组代表召集本组成员到指定的观摩地点进行观摩,观摩的同时用录像录下来。

五、录像回放

主持人播放各组拍摄的录像,"请大家把录像中家长和被观摩教师在阅读方面最感困惑的问题揭示出来。"例如,高歌的妈妈提出:"情感交流和阅读认知可以同步进行吗?"马敬老师想知道集体阅读与亲子阅读的异与同。随后,各组成员对问题进行了讨论交流,并选出一名发言人进行大组交流。

反思

早期阅读活动强调多元化,有关早期阅读的研讨会何尝不可以采取有趣的形式贯穿呢?活动中,糖纸是一份自然小巧的阅读材料,无意中还成为分组的依据;"嘉宾揭秘"让嘉宾进行有趣的自我介绍,也是一种广义上的阅读;"趣味揭题"和"录像回放"让教师阅读纸条、观看录像,同样是两种不同形式的阅读。

除了上述三种"游戏化"研讨活动形式,我们还可以开展研讨表演会、研讨辩论会等。正如太阳的光线多姿多彩,"游戏化"研讨活动也是多种多样的,我们可以根据研讨内容、教研组成员的特点,在教研活动中自然地融入各种有趣的游戏。

打开一扇窗,我们就会看到别样的风景。"游戏化"研讨,为教研活动打开了一扇游戏的窗,让参与者欣赏到清新、美丽的独特风光。上面的三个"游戏化"研讨活动,体现了"游戏化"研讨活动的三个鲜明的特征:

①快乐——"快乐大本营"。研讨活动不是严肃的讨论会,而是游戏的经历、欢乐的积聚、快乐的享受过程。我们可以让教研活动穿上游戏的外衣,把一些电视综艺节目中常见的大揭秘、心理测试、角色扮演等游戏自然地融入研讨活动中,在研讨活动中播撒快乐的种子,营造轻松自然的研讨氛围。

②民主——"玩家总动员"。每个教师都是研讨活动的主体,都能平等地参与活动的全过程,都是游戏中的"超级大玩家"。通过内部推选、自荐,每位教师都有可能成为研讨活动的主持人,施展个性化的主持风格。在研讨中,主持人根据教师的年龄、经验、兴趣爱好以及对教研活动的熟悉程度,对教师进行分组,给予不同的研讨主题,促进了教师的参与性与研讨的民主化,促进了教师之间的交流。

③智慧——"脑筋急转弯"。研讨的过程是思维启动与碰撞的过程,是教师在适宜的探究空间发现问题、解决问题的过程。研讨活动由问题贯穿始终,可以培养教师提问与反思的能力。教师在集体的思维碰撞、经验的分享过程中,产生种种奇思妙想,找到问题解决的最佳途径。此外,我们还可以从中获得对自己活动的反思框架,将反思经验上升到理论高度,在解决问题的同时进行经验迁移。

"游戏化"研讨强调游戏与研讨活动的有效融合。如果把研讨活动比作一把利剑,那么游戏就好比剑鞘,只有剑鞘和剑吻合了,剑才能得到更好的保养,发挥更大的威力,否则剑鞘就是剑的"累赘"。这就告诉我们,"游戏化"研讨活动,不在于游戏形式多么花哨,而在于这些游戏能否很好地融入研讨活动中，促进参与者不断地思考、前行。要更好地运用"游戏化"研讨，我们必须注意以下几点：

①"游戏化"研讨不是"作秀"——有研讨。"游戏化"研讨应避免只有游戏的形式而无研讨的实质。它不是为了游戏而游戏，而是为研讨而游戏。它更像是益智类的综艺节目，寓研讨于游戏之中。经过研讨，教师也会自然地将民主、轻松的学习氛围辐射到班级的教学状态中。

②"游戏化"研讨不是"玩票"——有目标。"游戏化"研讨不是随意地搬弄轻松有趣的游戏，不是制作笑料或随意玩耍，而是有明确的研讨目的。在研讨前，主持人经过核心小组的讨论，心中有了明确的问题框架，研讨过程只是给研讨内容穿上游戏的外衣，使研讨氛围轻松愉悦罢了。

③"游戏化"研讨不是"看戏"——有参与。"游戏化"研讨过程不是教师看热闹的过程，而是他们全身心参与的过程，是他们思考与研讨的过程。教师不是"观众"，而是研讨活动的主体，他们在研讨活动中迸发的热情、闪现的智慧火花随处可见。这里没有导演，没有演员，更没有观众，而是大家自娱自乐，沉浸在研讨与游戏的快乐之中。

打开研讨的游戏之窗，为教师带来了一股清新自然的春风。希望老师们在研讨活动的旅途中，在春风的推动下，"学会用思考行走"，学会欣赏沿途的风景。

5. 园际观摩：拓展专业发展的视角

走在园本教研的路上，我一度领略着沿途的美丽风光，体验着教研的快乐，聆听着自身成长的拔节之音。然而，渐渐地，我发现这种快乐在逐渐减少，这种"拔节之音"在逐渐减弱，我意识到，局限在幼儿园内的园本教研，无论在教研形式上还是在教研内容上都已经不能再满足我继续成长和提高的迫切愿望了。我需要走出去，吸收更多的信息元素，拓宽自己的专业成长之路。我相信，很多老师都和我有相同的想法。

走进名园，开展园际研讨

一、准备——"集体智慧总动员"

这天是业务学习的日子，园长带着神秘的语气说："告诉你们一个好消息，你们猜猜会是什么事？"大家立刻猜测起来：肯定是幼儿园获得了什么奖项。对！肯定是小栾老师参加市优课评比获得了一等奖……"哈哈，你们都猜错了。告诉你们答案吧：经申请，上级研究批示，同意我园全体老师去苏南、上海参观学习考察。"园长高兴地告诉大家这个好消息。"耶！太好了！""太棒了！"园长话音未落，大家就欢呼起来……

园长做手势请大家安静下来："此次考察活动是参观太仓市的两所幼儿园，学习他们的环境布置，观摩他们的业务活动。为了使此次活动变得更加充实、活动成效更加显著，今天就请大家自行设计活动方案。我们将评选出最佳出行方案，并按照这个方案实施。具体程序是这样的：第一，通过抽签的方式，大家分成三个小组，各组提出活动方案；第二，每组推出一个代表介绍方案，小组其他人员进行补充；第三，大家以不记名投票的方式评出最佳方案；第四，大家通过集体讨论进一步完善这一方案，并分头做准备工作。"

接下来,大家按照园长的要求进行分组讨论、集体商讨,最终确定并完善了行动方案。

> **反思**
>
> 每个人的心灵都有需要放飞的时候。组织外出参观学习不仅能帮助教师缓解工作压力,还能让教师走出幼儿园,换一种方式学习,为教师的专业成长增添一份催化剂。
>
> 这个活动环节不但调动了大家工作的积极性,增强了团队精神,而且锻炼了大家组织策划的能力,为后面的活动做了很好的铺垫。

二、吸纳——"火眼金睛"大搜索

大巴士在高速路上飞快地行驶。过了江阴大桥,我们感觉车辆明显多了起来,一辆辆大货车从我们的车窗前飞掠而过,这些超大物流车,充分展示了苏南工业的发达。于是,我不禁产生了好奇:地处经济发达的江南水乡的这两所幼儿园,会是什么样子呢?不知不觉间,我们要参观的第一所幼儿园——"××实验幼儿园"几个大字映入我们的眼帘。"到了,耶!",大家欢呼着。

一踏进该实验幼儿园,高低错落的大中型玩具、绿树环绕的平整的塑胶操场、色彩和谐的教学楼以及丰富多彩的墙面布置,让我们目不暇接,仿佛置身于童话世界。老师们纷纷拿出数码相机、手机,"咔嚓,咔嚓",把这些精美的画面拍摄下来。同时,该园内涵丰富的园所文化,也让我们感触多多。大家边看边不时地发出这样的感慨:"哦,原来是这样,设计得真巧妙!其实变换一下,还可以这样做。"……

因为时间关系,还没看够,大巴士又把我们带入另一方天地——"××艺术幼儿园"。我们要观摩该园大班的一节综合活动课"小鬼当家",该活动课的教学目标是让孩子们在讨论、合作以及动手操作中获得赚钱的体验。单从选题上,我们就感觉到该园老师对幼儿教育话题的敏感与深入把握。观摩活动过程中,我们认真记录着观摩活动的每一个环节,学习该园教师的教育技巧,领略该园教师的专业智慧。

综合活动课结束后,大家围绕活动进行了交流。该园的教研组组长对活动进行了评述,同时介绍了他们园教研活动的经验和做法,例如,每一节示范课的准备过程都是集体研究、反复探讨的过程;每个备课方案都是教师在与同伴的互动、讨论中确定的;在获得同伴资源的同时,被观摩教师也要进行独立思考,不断对活动方案进行修改与调整,以促进自己专业技能的提高。

观摩研讨是园际间进行交流的主要形式。观摩研讨的过程是幼儿园相互学习、共同提高的过程。园际间的研讨活动不仅锻炼了教师的语言组织能力、看活动抓关键点的能力、结合《幼儿园教育指导纲要(试行)》的思想对活动进行分析的能力,还有利于教师提高教学水平,更新教育观念,丰富教研经验。它给教师们带来一股清新的气息,鼓励教师们从另一个视角看待事物。

三、眺望——"东方明珠"大聚焦

经过一天紧张的参观学习,第二天,我们到达了现代化国际大都市——上海。首先我们参观了上海野生动物园,平时给孩子们上课时,我们总是说野生动物是多么的威猛,这天我们总算和这些动物进行"零距离"(其实我们是坐在大巴里)的接触了。看看吧:老虎悠闲地躺在人工架起的木床上;长颈鹿伸长脖子,像在和我们这些远道而来的客人打招呼;黑熊站在我们的车旁摆着姿势,非常可爱;树上有无数只鸟儿在窝里叫着。这些都让我觉得,人类与动物也可以这么和谐。

傍晚时分,我们登上东方明珠电视塔,俯瞰美丽的上海夜景:金茂大厦,霓虹闪烁；黄浦江，灯火辉煌。好一个现代化的大都市！大家互相拍照留念，要把这里的现代气息带回去。

现代社会行业间和行业内的竞争也给幼儿教师带来不小的精神压力。在这种情况下，老师们需要释放压力，参观旅游无疑是一剂良方。它给老师们的工作增加了调剂，带来了职业幸福感。

四、归途——"开心一刻"大行动

学习参观的愉快体验，让大家都感觉不到行程的疲劳。在回程的车上，大家还在热烈讨论着。

这时，坐在前排的平时比较诙谐幽默的小黎老师，握紧拳头做话筒状放在嘴前说："大家安静一下！下面由我——'国际超级主持人'为大家主持一场'晚会'。从现在到我们到家大约还有两个小时，为了让大家度过一段快乐的时光，我们每个人讲一个关于老师和学生的笑话，你们说咋样？""行！行！"大家高声附和。小黎老师接着说："每个'笑星'出场费两万，大家按照座位号依次出场！我呢，就抛砖引玉，先给大家讲个笑话。"大家鼓掌通过。

"一位老师上课说：'有不少名词同时又是量词，有哪位同学能举个例子？'小明勇敢地站起来说：'比如屁股这个词，它是名词；可是我爸爸赌输了，欠了一屁股债，在这里它就成了量词。'"听完小黎老师讲的笑话后，其他人笑得前仰后合。接下来，大家你一段我一段地讲了起来，笑声也是一浪高过一浪。有的人笑得肚子都疼了，有的人笑得眼泪都出来了。回程的车上，充满了欢声笑语。

> 这个自发生成的活动，让我们体会到了不一样的快乐。这不由得使我想起平时为什么幼儿总是对生成活动那样感兴趣，因为生成活动来自幼儿的兴趣，也可能是因为某一问题的碰撞使他们的头脑中闪现出思维的火花。其实，教师和孩子是一样的，也需要宽松的环境和满足他们兴趣需要的教研活动。

走进小学，做好幼小衔接

令我满足的另一次真正意义上的走出去是走进小学，感受幼小衔接另一端的风景无限。这天，我们来到××附属小学，兴致勃勃地旁听了学校语文组的教研活动。

活动背景 ▶▶▶

教研活动前，教研组的老师们观摩了张莉老师的《鸟岛》一课。

活动准备 ▶▶▶

走进教研活动室，我们发现，活动室前面的大屏幕上显示着本次活动的主题"教育从细节开始"。主持人吴老师一边指挥着全校 24 位语文教师，让他们模仿孩子们课堂上的"小组学习"形式任意组合成四人小组团团围坐好，一边又忙着给每个组分发材料：黄色与绿色卡纸、油性笔人手一支、红色小圆片 24 个、白纸若干。

活动过程 ▶▶▶

一、轻松一刻

这个环节要求大家按指令做相反动作,如主持人说"坐",大家都要站起来。别觉得这游戏太"小儿科",要想表现好也不是件容易的事儿。瞧,当吴老师命令大家"向左转"时,还真有几位老师听话地照做了,惹得大伙哈哈大笑。

这个环节犹如冬天汽车启动前的"预热",让教师们放松了心情,迅速调动起大家积极参与的情绪,为本次活动创设了一种愉悦和谐的氛围。

二、欣赏与挑剔

主持人说:"让我们以欣赏的目光发现成功,以审视的姿态挑剔不足。请大家回顾一下张老师的讲课活动,捕捉教学活动细节,把你认为张老师教学活动最成功的一点写在绿色卡纸上,觉得有待改进之处写在黄色卡纸上。"

老师们独立思考,写出本课的优缺点。然后,他们轮流上台,发表个人见解,并把观点写在黑板上的"成功之处"和"有待改进之处"。

大家发言完毕,分歧产生了:有三位老师不约而同地表扬张老师,说她指导学生朗读长句时指导得很到位,让学生读出了恰当的停顿;另外两位老师却把这个环节的处理放入"有待改进之处",他们认为,纯粹地指导朗读技巧不合适,应该让学生读出自己的语感,而不是一味地模仿老师。

三、圆点表决

老师们认真思考着大家的发言,在仔细比较后,走上讲台,用自己手中的红色小圆片进行圆点表决。

主持人根据表决结果进行总结:"真是'英雄所见略同'。大家一致认为,本课的最大优点是'注重了学生语言的训练',缺点呢?主要表现在'提问'部分。大家认为张老师对于学生提问的处理不恰当,影响了整个教学的效果。"

于是，这个问题成为本次讨论的话题。

电脑屏幕显示："如何应对学生的提问？"

四、策略讨论

主持人请大家分组讨论这个问题，随后要求各组派代表发言。各组成员首先明确了分工：谁是组长，谁是记录员，谁是大堂发言者，谁是计时员。随后，各组紧紧围绕话题，有条不紊地忙开了：记录员及时记下本组每位教师的发言；计时员在一旁限制着每人的发言时间，以保证本组讨论顺利展开；组长负责筛选每个人的意见，然后汇总成本组的操作策略；大堂发言者则准备在大家面前展示本组的讨论成果。

五、大堂分享

在每组的大堂发言者侃侃而谈的时候，主持人把各组的发言要点输入电脑，随即用屏幕显示出来：

- 教师应该认识到，提出问题比解决问题重要。
- 教师应该想方设法保护学生提问的积极性。
- 根据问题的有效性确定相应的处理办法。
- 对于学生的主动质疑，教师应及时评价，以充分发挥评价的激励、点拨功能。
- 灵活处理学生的提问，可以是师生互动当场解决，也可以在课后查阅资料后再解答。
- 恰当地取舍学生提出的问题，抓住提问时机。

……

六、结语

最后，以屏幕上醒目的四句话结束了今天的教研活动：

- 以发现的目光审视校园。
- 以反思的态度走进课堂。
- 以探索的姿态从事教育。
- 让我们关注细节、优化细节，教育从细节开始起步！

反思

评课是教研活动最主要的形式之一。以往的评课活动形式僵化、管理松散，要么是大家"东一榔头，西一棒头"地泛泛而谈，没有明确的目标，也无法使研讨活动深入进行；要么是一些专家（教研人员）的讲授灌输，教师被动接受，缺乏平等性、对话性和互动性。如何在校本教研活动中尊重教师的主体意识和主体地位，尊重教师主动参与和平等对话的权利，有效发挥评课的导向功能、发展功能呢？此次教研活动相信会给我们一定的启发。

此次教研活动，以下三点让我感受颇深：

第一，教研时间之变革。一般学校的教研活动大都安排在下午课后，大家往往是说着聊着天就黑了，而小学的教师以女性为多，在讨论研究的同时，大家心里还往往牵挂着家庭与孩子。而该附属小学则别具匠心地把教研活动安排在周三下午，这个时间所有的语文教师没有课，从而为每位教师提供了充足的教研活动时间。这一点值得我们幼儿园教研活动借鉴。

第二，教研主题之变革。以往教研活动的主题由教研组组长或者主持人决定，大家只管讨论就可以了，而此次教研活动的主题产生于课堂。灵活自主的选题与尊重每位教师观点的态度让人人有话说、愿意说，最终使大家得出多种关于如何应对学生提问的策略。

第三，幼小衔接两端的教师应该进行更多的相互沟通与了解。同是针对儿童的教育，幼儿园与小学应该多多沟通，以实施更适合儿童的教育措施，以促进教师的专业成长。

这两次夏日集体学习活动，让我认识到园外的学习资源与教育资源是多么宽广，感受到学习的重要，感受到发展的压力与需要。它们激励我要一如既往地去充电、去创新，并努力以专业化标准去组织教育教学活动，提高教育教学能力和技巧。同时，它们也让我感受到团队精神，感受到职业的幸福。这两次学习活动将永远珍藏在我的记忆深处。

6. 体验式家长沙龙：另类"家长会"

幼儿教育，仅靠教师是不够的，还必须依靠家长的力量。只有家园合作，发挥教育的合力，才能最大程度地实现教育的成效。这就要求幼儿教师要经常和家长就孩子的教育问题进行沟通。除了平时随机的交流活动外（比如，利用家长晨送、晚接孩子的时间和家长进行交流），每个学期不定期的家长会是家园交流的主要形式。不过，在实践中，我发现，无论何种形式的交流，都存在两个问题：一是唱主角的永远是老师，家长很少发言。其原因可能是老师没有给家长发言的机会，没有学会倾听家长；也可能是家长不敢发言，生怕自己言语不当得罪了老师，老师给自己的孩子"穿小鞋"。二是老师给家长的永远是一些方法性的指导，而没有教会家长从心理上接受孩子、尊重孩子，从而导致一些方法没有达到预期的教育成效。

为了改变这种情况，我设计并主持了一场"另类"家长会——体验式家长沙龙活动。这次活动的主题是："今天，你的孩子好好吃饭了吗？"。本次活动邀请了幼儿园其他班级的老师和一些幼儿家长一起参与，请大家就孩子的用餐习惯问题进行探讨。

一、序曲：未成曲调先有情

我首先在活动室的桌子上放上一些点心和饮料，等家长和其他老师进到活动室以后，请他们任意品尝，以营造一种宽松、温馨的氛围，也为接下来的活动做一个铺垫。随后，活动正式开始了。

我：请大家把刚才品尝过的食品名称和未品尝的食品名称写在纸上，并写明你们为什么选择或不选择它们。

（大家回忆、书写，然后把写好的纸条交给我展示出来）

我：通过观察，我发现，大家只选择了一部分食品品尝，选择的原因大多是根据自己的喜好。这就说明，我们成人在选择食物时也是有所偏好的，或者说，我们成人也可能存在挑食的毛病。大家是怎么看待这个问题的呢？

家长1：人总是有喜好的，这并不奇怪。

教师1：你不说，我都意识不到原来自己也有挑食的毛病。

我：是啊，对于成人挑食，我们常把它看成理所当然或无足轻重的事情。可是，当孩子挑食的时候，我们是怎么做的呢？今天我们聊的主题就是"今天，你的孩子好好吃饭了吗？"。

二、进行：大珠小珠落玉盘

明确了沙龙主题，大家有一种豁然开朗的感觉，话匣子也随之打开了。

家长2（很急切地）：讲到挑食的问题，我可有话要说。我的孩子特别挑食，光吃肉，一点蔬菜都不吃。孩子小，正在长身体，需要各种营养，这怎么行呢？

家长3：我的孩子和您的孩子正好相反，是一点肉都不吃。现在每个家庭都只有一个孩子，哪个家长不想孩子健康、壮实？挑食可是父母的一大心病。

我：那么你们想什么办法了吗？

家长3：怎么会不想办法？可以说软的硬的都用上了，但效果还是不好。我非常想听听别的家长的做法。

家长4：我在家也想了一些办法。有时，饭前和孩子做个交易，比如，你要好好吃饭，吃完饭，妈妈带你出去玩，这样孩子能多吃一些；有时，我拿小棍子吓唬他，或者装出很生气的样子，他也能吃得多些。

家长5：说句实话，实在没办法时，我也只能随他去了。他不吃，我也不能帮他吃啊。

家长6：我不赞成刚才这位家长的意见。当孩子不好好吃饭的时候，一般我有几种方法：吓，比如，我的孩子便秘，有一次他便中有血，我就吓唬他，跟他讲菜的营养、作用，结果以后他就乖乖吃菜了；骗，比如，我对孩子说，剁椒鱼头里的鱼是他最喜欢的鲨鱼，孩子兴致很高，一下子吃了很多；奖励，比如，孩子吃完所有的饭菜就让他看半个小时电视。这三种方法都挺管用，不知老师们有没有什么更好的建议给我们。

我：我们家长都是有心人，在纠正孩子的不良习惯上都费了心思。同样，我们老师也在这个问题上做了一些思考和探索，说出来让大家来听一听。

教师2：我们中班的孩子们不好好吃饭时，我常用的办法有：以故事的形式介绍饭菜和它的营养价值，激起孩子们对食物的兴趣；孩子们有一点点进步就进行表扬；孩子胃口不好或生病没有食欲时，允许他们吃饭时剩下一点，没有太多的压力，孩子也能尽量多吃一点。

教师3：我是大班的老师，我采取了和中班老师不一样的措施。比如，餐前先让孩子感受菜的色、香、味，培养孩子进食的兴趣，促进他们的食欲；吃饭时不训斥孩子，营造良好的就餐氛围；孩子不愿意吃时，不强迫他们，而是鼓励、引导他们就餐。

教师4：我们小班的孩子刚从家庭过渡到集体生活中，开学时挑食现象特别严重。针对孩子的这种情况，我们采取的措施有：一是改编故事《大公鸡和漏嘴巴》，把小弟弟吃饭掉食物改编成因为挑食把食物故意扔掉；二是循序渐进，孩子不喜欢吃的食物，第一次就少盛一点并鼓励孩子吃完，以后再逐渐增加；三是孩子有了进步就及时与家长联系，请家长鼓励孩子；四是当孩子挑食的问题得到改善后，给予孩子适当的奖励，如抱抱他、亲亲他、给他发小红花或表扬他。

大公鸡和漏嘴巴

一只大公鸡在院子里走来走去，这里啄啄，那里啄啄，它找不到虫子吃，急得咕咕叫。小弟弟捧着饭碗，坐在院子里吃饭。他一边吃，一边瞧着花蝴蝶飞来飞去，饭粒撒了一身，撒了一地。大公鸡看见了，可高兴啦！它连飞带跑地奔了过去，嘴里嚷着："好运气，好运气！今天碰到一个漏嘴巴的小弟弟。"它跑到小弟弟身边，啄起地上的饭粒来，啄得可快呢。真好玩！小弟弟越看越高兴，连吃饭也忘了。

一会儿，大公鸡把撒在地上的饭粒吃光了，可它还没吃饱呢。大公鸡抬起头来看了看，看到小弟弟的裤子上也有饭粒，就来啄小弟弟的裤子。小弟弟说："大公鸡，大公鸡，你怎么啄我呀？"大公鸡说："小弟弟，小弟弟，我不是啄你，我是啄饭粒呀！"

一会儿，大公鸡把小弟弟撒在裤子上的饭粒吃光了，可它还没吃饱呢。大公鸡抬起头来看了看，看到小弟弟的衣服上还有饭粒，就来啄小弟弟的衣服。小弟弟说："大公鸡，大公鸡，你怎么啄我呀？"大公鸡说："小弟弟，小弟弟，我不是啄你，我是啄饭粒呀！"

一会儿，大公鸡把小弟弟撒在衣服上的饭粒吃光了，可它还没吃饱呢。大公鸡抬起头来看了看，看到小弟弟的嘴巴旁边粘着一粒饭，就来啄小弟弟的嘴巴。小弟弟害怕了，端起饭碗就跑："大公鸡，大公鸡，别啄我，别啄我！"大公鸡说："小弟弟，小弟弟，别跑，别跑。我不啄你，我不啄你，你嘴巴旁边有粒饭，让我吃了它！"

大公鸡张开金色翅膀，一跳，跳到了小弟弟的肩膀上，朝着他嘴巴上的饭粒啄了一下。小弟弟吓得哭了起来："奶奶来呀，奶奶来呀！"大公鸡可高兴呢，高兴得唱起歌来："小弟弟，漏嘴巴，饭粒儿，随便撒。他没吃饱饭，我可吃饱啦……"

奶奶来了，小弟弟问奶奶："奶奶，奶奶，您给我瞧瞧，我的嘴巴漏吗？"奶奶说："傻孩子，哪有漏嘴巴呀，是你吃饭的时候，东看看，西瞧瞧，把饭撒了。"

奶奶又给小弟弟盛了半碗饭："快吃，快吃，可别再撒了。"小弟弟端着饭碗吃饭。大公鸡又来了，它说："我还没吃饱呢。漏嘴巴，漏嘴巴，撒点饭粒让我吃呀！"

大公鸡等呀，等呀，一粒饭也没吃到。怎么了？哦，小弟弟这回吃饭，可不东看看西瞧瞧了。小弟弟把饭吃得干干净净，拿着空碗让大公鸡瞧了瞧，对它说："我是好弟弟，不是漏嘴巴。"

大公鸡没办法，耷拉着脑袋，只好去找虫子吃了。

（姚正平、朱廷龄《大公鸡和漏嘴巴》）

我：应该说，关于孩子挑食的问题，家长和老师都给予了足够的重视，并想出了一些应对策略。我想，老师们的做法，如关注孩子的点滴进步，营造宽松的就餐氛围，不强迫、不威逼孩子吃饭等，有值得家长借鉴的地方。可是，我们也发现，孩子的挑食问题不断出现反复。为什么始终不能彻底解决呢？我想，是因为我们采取的一些措施"治标不治本"。我们应该深入挖掘孩子挑食的原因，从源头上杜绝孩子挑食问题。

教师5：孩子之所以会出现挑食的问题，很多时候是受我们成人的影响。孩子的模仿能力是很强的，我们成人无意识中对某些食物的偏好给孩子们做了一个坏榜样。因此，改变孩子的挑食问题，成人首先要以身作则。

教师6：说到这里，我想起我听到的一个事例。一个六年级的学生在回忆幼儿园生活时谈到了这样一件事：他为了逃避父母和老师让他把菜全部吃完的要求，常趁大人不注意时悄悄把不爱吃的菜藏在袋子里，然后在上厕所的时候偷偷扔掉。更让人深思的是，最后他说："幸亏我有一个粗心的妈妈，也碰到了一个粗心的老师，因此，她们一直没有发现我的秘密。"当时，我感到一阵心悸：难道我们的好心换回的竟是这样的结果？

（大家一阵沉默，若有所思）

我：这个例子提醒我们：在对待孩子的不良习惯时，仅用高压手段是远远不够的。我们更应该在尊重和要求之间把握好一个度。

家长7：的确如此。我们成人对食物都有自己的喜好，为什么不能允许孩子有呢？我觉得，我们应该用一种理解、宽容的心态看待这个问题，然后再逐步引导。让孩子不再拒绝我们的苦心，而愿意尝试着去改变，或许效果会更好一些。

三、尾声：曲终收拨当心画

讨论进行到此时，大家虽不再说什么，但都有所思，也有所收获。这时，是我进行总结、点评的最佳时机。

我：大家说得很好。虽然对孩子挑食这一问题我们还存在着许多困惑，但它已引起了我们的重视。面对不同的孩子，怎样的教育才更有针对性、更适宜、更有效，将引起我们更深入的思考。这种思考对我们正确看待孩子成长中的问题是有益处的。至少我们有理由相信，只有在宽松、自由、平等、开放的环境中，我们与孩子的交流和对话才能进行，孩子才会健康、快乐地成长。我们要给自己找一个支点，也要给孩子找一个支点。有了这个支点，我们才可以撬起地球！

教师7（戏谑地）：那么，就把这个问题留给我们下一次的欢聚吧！希望到那时，我们都能带着杠杆来试一试。

（在众人的欢笑声中，活动落下了帷幕）

整个沙龙活动，没有拘谨，没有权威，有的只是坦诚的交流。在观念的的交流与碰撞中，我们收获的是经验和快乐。就本次沙龙而言，我至少可以捕捉到两个信息：

第一，家长是教师的合作者。在本次沙龙活动中，我们发现，家长对孩子的关注度是不言而喻的。他们不仅是教育问题的提出者，还是教育策略的实施者。因此，教育要想成功，教师必须牵起家长的手。

第二，孩子是教育的主体。教育要有成效，教育者一定要考虑被教育者的主体感受。只有遵循其身心发展规律、以尊重为前提实施的教育，才能取得预期的教育成效。

7. "竞买生涯"活动：穿透"乌云"的一缕"阳光"

已走过青涩的我，总以为以后的路会是平坦的，甚至是辉煌的。但是在工作中，我发现，问题仍无处不在，而自己却无良策应对。我忽然觉得自己所谓的"聪明才智"已被掏空。我对自己产生了质疑：难道我真的不适合当一名幼儿教师吗？就在我感到前所未有的压力和迷茫，甚至慌乱时，幼儿园组织了"'竞买'自己的生涯"教研活动。它在使我紧张、焦虑的情绪得到调整和宣泄的同时，也让我重新审视了自己的人生追求，坚定了我继续为幼教事业献身的信念和信心。至今，我对那一幕幕场景仍记忆犹新：

当老师们走进教研室的时候，教研室前方黑板上书写的本次活动的主题"'竞买'自己的生涯"让大家感到既好奇又有趣：生涯怎么竞买呢？这时，主持人杨老师走上讲台对大家说："欢迎大家参加这次教研活动。本次教研活动的主题是'竞买'自己的生涯。那么，什么是生涯呢？生涯就是一个人对人生的追求。通常人们谈到生涯的时候，总觉得它有太多的不可预测性，其实它并非如大家想象中那般神秘莫测，它完全可以掌握在我们自己的手中。今天，我想通过这个活动，让大家比较清楚地了解自己的人生追求，预测自己的生涯。"

见大家都在饶有兴趣地倾听，杨老师接着说："在今天的活动中，我就是一名专业的拍卖师，手中的这个小棍就代表着拍卖槌，你们在座的每一位就是竞买者，这个教研室就是一个高档的拍卖会场，而这次拍卖的标的物就是在座各位的生涯。"说完，杨老师在大屏幕上展示了这次拍卖的标的物：

① 豪华别墅；

② 亿万富翁；

③ 一张取之不尽、用之不竭的信用卡；

④ 英俊博学、温柔体贴、疼爱自己的丈夫；

⑤ 一门精湛的技艺；

⑥ 一个属于自己的小岛；

⑦ 一座宏大的图书馆；

⑧ 一个勤劳忠诚的仆人；

⑨ 三五个知心的朋友；

⑩ 一份受人尊敬的工作；

⑪ 一张免费旅游世界的机票；

⑫ 和家人共度周末；

⑬ 和情人浪迹天涯；

⑭ 勇往直前的大无畏精神和百折不饶的品质。

展示完拍卖标的物后，杨老师接着说："现在，我发给大家每人10张纸，每张纸代表100元钱，这样每个人就有1000元钱。这1000元钱象征着你一生的时间和精力。等拍卖活动开始以后，你们就可以用自己手中的钱竞买你们认为值得的标的物。每个标的物的起价是100元，大家可以在此基础上竞买。当我连喊三次，无人再出高价的时候，拍卖槌就会落下，这个标的物就属于你了。"

杨老师讲完，教研室里的气氛有些凝重。这个活动看似游戏，却让人难以抉择。它把我们人生的繁杂目的，简约合并后形象化了——拼此一生，你到底想要什么？对于这个问题，每位老师都需要好好考虑一下。

见大家思考得差不多了，杨老师举起了第一个标的物——"豪华别墅"，起价100元。一个老师举手出价"200元"，这时另外一个声音响起："500元。"大家循声望去，原来是平日里一直和父母合住的李老师。"600元！"第一个报价的老师似乎有些不服气，但李老师志在必得，她涨红着脸，喊出："1000元！"这是天价了，因为每个人只有1000元钱储备。这说明李老师已下定决心以毕生的精力去争取一套属于自己的"豪宅"！

第一个老师有些不服气地说:"竞价应该一点点攀升,比如她出700元,我喊800元。这样也可以给别人一个机会。"杨老师淡然一笑说:"大家要记住,拍卖场如战场,只要认定了目标,你就要紧紧锁住它。否则,你就有可能失去它。"杨老师的一席话让大家明白了竞争的激烈。

拍卖的第二个和第三个标的物分别是"亿万富翁"和"一张取之不尽、用之不竭的信用卡"。对于这两个标的物,老师们似乎兴趣不大,最后有两个老师分别用600元和700元把它们拍了下来。拍卖的第四个标的物是"英俊博学、温柔体贴、疼爱自己的丈夫"。这时,大家纷纷举手,开始激烈的竞买,最后一个老师用1000元拿下这一标的物。激烈的竞买过程,让大家切身地感受到:对于一个女人来说,有一个疼爱自己的丈夫是如此重要!

其后的诸项拍卖活动,竞争同样激烈。最后,一个性格比较开朗、外向的老师拍走了"一个属于自己的小岛";一个平时话很少的老师拍走了"一座宏大的图书馆";一个和丈夫一直在闹矛盾的老师拍走了"和情人浪迹天涯";我们的园长大人则用全部资金拍走了"一张免费旅游世界的机票";还有两位老师一开始就叫出"1000元"的天价分别拍走了"一份受人尊敬的工作"和"三五个知心的朋友"。拍走"一份受人尊敬的工作"的那位老师感慨地说:"对于女人来说,稳定的工作是很重要的,它让我们获得安全感并满足我们生活的基本需要。"拍走"三五个知心的朋友"的老师则激动地告诉大家:"从小到大,我父母对我管教都很严,不允许我随便交朋友,放学、下班后就得回家,所以我的朋友很少。现在,我是多么渴望能有几个知心的朋友。对于我来说,这个是最重要的,我要用我全部的资金去争取,再也不能错过了!"这两个标的物也是其他老师最想要的,所以竞买活动最为激烈。

拍卖结束以后,主持人把大家分成四个小组进行讨论,每组推选一个组长、一个时间控制员、一个整理记录员、一个慷慨陈述员。讨论的问题包括:你拍到的生涯是什么?你为什么要不惜巨资去竞拍这样的生涯?它为什么那么重要?小组讨论完毕后,每个小组派出自己组的慷慨陈述员陈述本组的讨论结果,然后进行集体交流。

在集体交流过程中，很多老师谈到工作和家庭对自己的重要性，而这些重要的东西在平时的生活中却经常被大家忽略。很多老师表示，活动后要重新调整自己对工作、对家庭的态度和方法。

接下来，杨老师总结说："活动中，我们有些老师拍到了自己的生涯，恭喜这些老师！没有拍到的老师也没关系，这只是个游戏。我们举办这个活动的目的是希望老师们明确自己的人生追求，然后坚持不懈地朝这个方向努力。人生追求没有高低贵贱之分。无论大家的生涯是什么，只有努力工作，我们才有实现它的可能。"

最后，当杨老师宣布游戏结束的时候，老师们都久久不愿离去，每个人心里都有太多的感悟、太多的思考，大家想说的话很多很多……

活动结束了，不曾结束的是思考。

人与人之间最遥远的距离是心灵，而人与人之间最默契的地方也是心灵。相同感受的老师们走在一起，互诉衷肠，经过主持人的点拨，冲破心理的障碍，重新获得积极健康的心态，这是一种多么好的情景！同时，它更给了我一种启示：原来，业务学习还可以这么轻松、这么人性化！这是不是也可以转化成我的一种工作方式呢？

夏，丰富而多彩。有暴雨的激越，有雷电的冲击，更有万物的繁茂。而雨后彩虹的灿烂一现，更让人感受到风雨之后的美丽和宁静。如今的我，觉得这彩虹就像七彩桥，这头连着实实在在的现在，那头通向我的教育理想。怀揣一颗诚挚的心，我走上彩虹桥，踏上继续成长之路。

红枫绚烂
——迈向幼儿教师专业成熟之旅

当雨意逐渐由热烈转为清凉，当阳光逐渐由火辣转为温和，秋迈着稳健的步伐向我们款款走来。它来做公平的审判者：如果我们是勤劳的，它一定会用丰收的喜悦来回报我们春天播种的艰辛、夏日施肥的疲惫；如果我们是懒惰的，它给予我们的只能是秋日的落寞与萧条。我庆幸，我没有浪费过去的时光，在专业成长之路上一直奋力前行，才有了如今在专业方面成熟的自己。

现在的我，懂得对话与交流的重要性，学会进行多样化的教学反思，知道同伴的教育失误如同他们成功的教育经验一样，对于自己是一种有效的资源，可以促使自己尽快成长。现在的我，更加能够体会团队的凝聚力与影响力，知道自己的成长离不开同伴的支持和帮助，明白一抹金黄无法渲染出秋天的美丽，大家只有齐心协力，才能感受到秋天的魅力和收获的喜悦。

1. 与幼儿对话：聆听幼儿的"声音"

对话，是灵感的相互交织，是思维的彼此碰撞，也是个人才情的无限涌动。

对话时，对话的双方或多方共同思考，相互关心，分担焦虑，进而形成合作的关系。对话让团队中的成员彼此充分表达，倾听、思考对方的所思、所感，进而促进彼此的了解。

教师在自己的专业成长过程中，与他人进行对话不仅是增进彼此了解的重要方式，也是个体专业成长的催化剂。促进教师专业成长的对话不仅包括教师同伴间的对话、教师与专家的对话，还包括教师与自己的对话以及教师与幼儿的对话。其中，教师与幼儿的对话是最有趣、最有意义的。幼儿是直接与教师发生教学关系的人。教师与幼儿对话的质量高低与否直接关系到我们能否有效地实现我们的教育目标。因此，教师必须重视与幼儿的对话。

幼儿有自己的心灵世界和独特的表达方式，他们喜欢在学习活动中发出各种"声音"，并期望得到教师的回应。教师要善于从中发现真实的幼儿。教师要为幼儿创造发出真实"声音"的环境和条件，让幼儿不再是知识的被动接受者、唯命是从于教师的指令，而是让他们带着自己的兴趣和需要与教师对话；教师也不要再把自己的意志强加于幼儿，而应把自己作为教学情境的一部分，成为幼儿自然和谐的对话伙伴……这种相互尊重的师幼"对话合作"关系，让幼儿得到认知和情感的充分发展，也让教师得以验证自己的预设经验和教育策略。

那么，师幼对话在教学活动中是如何开展的？需要坚持哪些原则？都有哪些对话方法？教师在与幼儿进行对话时，仅仅与他们进行语言的交流就够了吗？下面结合幼儿美术欣赏活动谈谈这些问题。

艺术大师们的作品中蕴含着丰富的表现形式、多样的表现手法，融入了社会、历史、人类文化，镌刻着艺术家独特、鲜明的个性。然而，对于审美经验尚浅、抽象思维能力发展不足的幼儿来说，他们虽然具有先天的审美直觉和敏感性，但是缺乏细致、自觉地观看和倾听作品及深入体验作品思想的能力。对话法的运用在这里再合适不过了。

一、师幼对话需坚持的原则

美术欣赏活动中的师幼对话是指教师和幼儿就美术作品欣赏发生的对话。在实施师幼对话时，需坚持以下原则：

（1）平等互动性原则。教师与幼儿平等互动关系的建立是进行对话的前提条件。在欣赏美术作品时，教师与幼儿都有说话的权利。教师不应以权威压制幼儿，而应成为幼儿的对话者，成为其共同学习的伙伴。一方面，教师的引导将激发幼儿欣赏作品的兴趣，提高他们的审美能力；另一方面，幼儿的执着、直觉、想象会带给教师惊喜的发现。

（2）灵活多样性原则。不同的艺术大师在用作品描绘和解释世界时，方法是多种多样的。因此，在美术欣赏活动中，教师要鼓励幼儿从不同的角度观察作品，提出自己的想法、观点、感受和体验，并在与幼儿的对话中及时捕捉有价值的信息，灵活地加以引导和组织。

（3）主客观兼容性原则。艺术的一个显著特点就是能以某种方式超越文化差异。一幅美术作品中各形式要素所凝聚、散发出的信息，绝不会使两个与其对话（欣赏）者产生一致的情感体验。因此，在进行欣赏活动时，教师既要允许幼儿有不同的体验，也要让他们接受、理解别人的想法，以培养其民主、宽容、多元、兼容的人文特质。

二、师幼对话的方法

教师在与幼儿进行对话的时候，既可以进行语言对话，也可以进行非语言对话。在实际运用中，二者常常是相辅相成的，你中有我，我中有你。

（1）语言对话。即教师与幼儿之间以语言为媒介就作品欣赏进行的对话。这种对话方式是师幼对话在美术作品欣赏中最基本、最直接的运用。在对话中，教师既是幼儿美术欣赏的伙伴，也是幼儿与作品进行"对话"的引导者、诠释者、启发者。教师通过向幼儿提问和对幼儿的应答做出反馈，与幼儿一起不断地在艺术作品里发现惊奇、疑惑和美。

幼儿美术欣赏可分为描述作品、形式分析作品、解释作品、评价作品四个阶段。根据这四个阶段的划分，师幼语言对话的提问和回应可按下列模式进行：

欣赏阶段	提问	应答	反馈
描述阶段	你在画中看到了什么？		概述画面上的内容，对幼儿的应答进行补充或修正
形式分析阶段	画中的线条、色彩、物体是怎样的？你有什么感觉？		对幼儿的感觉加以激发与引导
解释阶段	画家为什么要这样画？请你给这幅画起个名字		介绍画家、作品的有关历史、文化、社会背景
评价阶段	你觉得这幅画怎么样？你喜欢它吗？		介绍教师自己和其他人的观点

上表中呈现的基本模式为欣赏活动中的师幼对话提供了一个基本线索。这里的提问与反馈是指教师的语言，应答是幼儿的语言。这个表格说明，师幼对话是一个双向交流的过程。需要注意的一点是，教师应根据美术欣赏活动的目标、重点、幼儿的能力水平以及幼儿对作品的实际体验，对提问、反馈的内容进行调整、重组、变通。在和幼儿进行对话的过程中，教师并不一定要严格按照四个阶段的先后顺序进行，实际上，更多的时候，这四个阶段是相互交融的。此外，教师根据艺术作品的不同风格与特色设计相关的、适合幼儿进行审美思考的提问也是很重要的。

（2）非语言对话。即教师与幼儿之间以非语言的方式（主要是引导幼儿通过审美体验和领悟）就作品或与作品相关的内容进行的对话。对于幼儿来说，非语言的对话方式不但可以激发他们的欣赏兴趣和潜能，丰富他们的审美体验，而且可以最大限度地扩大他们的欣赏视界，让他们获得自由表达体验和宣泄自己"个性存在"的机会。在幼儿美术欣赏活动中，教师可以尝试以下非语言对话的方法。

①情境法。即教师通过为幼儿创设与作品相关的场景或将幼儿带入作品中表现的自然情境，来丰富幼儿的感性经验，激发他们对艺术作品进行审美的潜在动机。例如，在引导幼儿欣赏洞顶壁画《拉斯科洞的马头》时，我用布盖住桌子布置成"山洞"的样子，让幼儿通过钻"山洞"进入欣赏情境，激发他们的欣赏兴趣。欣赏完壁画后，我让幼儿打着手电筒在"山洞"顶上进行创作，感受原始洞顶壁画的神秘，体验"洞顶壁画"创作的艰辛与乐趣。又如，在欣赏莫奈的《睡莲》前，我先带幼儿去欣赏真正的睡莲，让幼儿观察睡莲的外形特征，水、光、影的变化及水面色彩与周围自然环境的关系，让幼儿积累相关的感性经验，感受一种身临其境的美，从而为幼儿理解莫奈印象派的创作表现手法奠定感性基础。

②对比法。即教师通过引导幼儿对不同作品的表现手法、表现形式及表现风格的比较，提高幼儿对作品形式的审美能力。例如，在引导幼儿欣赏莱顿的《缠线》时，我将作品与幼儿曾经欣赏过的米勒的《拾穗者》加以比较，以便让幼儿进一步感受画面的宁静与安详，并通过对两幅画中人物动作、背景、色调的对比让幼儿理解画家创作时表现形式与情感表达的有机结合。又如，在欣赏蒙德里安的《红、黄、蓝的构成》时，为了让幼儿感受画面平稳、色彩调配均衡的形式美，我将其中的黄色块遮盖起来，通过提问"如果去掉这一块，你心里会有什么感觉？"让幼儿对比两种不同的形式构成，让他们在心理上产生"好像被吃掉了一块""红色像要倒掉了一样"的感觉，让他们体会到画中的线条与色彩虽然简单，但相互呼应，缺一不可。

③想象法。即教师引导幼儿积极大胆地对作品进行想象，以便更加深入地理解作品表达的情感。例如，在欣赏亨利·卢梭的《丛林组画》时，我先请幼儿闭上双眼，聆听录有水声鸟鸣的音乐，让他们去想象丛林里的景象，

然后再让他们去想象卢梭画中的丛林景象，让他们在心中产生审美期待。又如，在欣赏亨利·卢梭的另一幅作品《睡着的吉普赛姑娘》时，我给幼儿插上想象的翅膀，让他们想象自己正静静地坐在吉普赛姑娘身边。在经过想象之后，我问他们听到了什么。有的幼儿说，听到了风吹过的声音；有的幼儿说，听到了姑娘睡着时轻轻的鼾声；有的幼儿说，听到了河水流过的声音；还有的幼儿说，听到了姑娘无意中拨响的曼陀铃声……丰富的想象使画面变得生动立体起来。在想象中，幼儿也进一步感受到了画面的神秘与宁静。

④发现法。即教师充分调动幼儿已有的审美经验对作品进行分析和理解。例如，在幼儿欣赏过一些艺术家的艺术作品之后，我选了这些艺术家其他的一些作品，进行了一次画家作画风格的欣赏活动。我先让幼儿选出自己最喜欢和最不喜欢的画，然后让他们来猜一猜这些画的作者。幼儿在我的引导下结合自己的原有经验，从作品的色彩、造型、画家常用的绘画符号以及表现风格等几方面很快便找到了答案，加深了对画家作画风格的认识和理解。

⑤动作法。在艺术作品中，除了一目了然的线条、色彩、形象以外，还有隐含在作品中的力的表现形式，而这些也是幼儿在进行欣赏时的一个难点。为了突破这个难点，我采用了动作法，即引导幼儿通过身体动作来理解作品中力的表现形式。例如，在欣赏马蒂斯的剪纸作品《忧愁的国王》时，我让幼儿模仿作品中国王的动作以感受其被压迫时的挣扎，而这与作品中飘零的黄叶以及背景中冷色对暖色的一层层覆盖的力的表现形式是完全一致的。通过这些体验，幼儿对作品中表达的悲愁、压抑、挣扎、无奈的情绪有了进一步的理解和感受。

⑥创作法。在幼儿欣赏过大师的作品后，他们常常会产生创作的冲动与愿望，这时教师应该适时地提供各种创作材料，满足他们的要求，让他们在自由、忘我的创作中再次与大师进行对话。例如，在欣赏完康定斯基的《抒情诗》之后，我让幼儿随着《单簧管波尔卡》轻松、欢快的旋律，边舞蹈、边挥笔作画，宣泄自我的内心情感与体验。在创作中，幼儿再次走进大师的心灵，与大师进行"对话"。在这个过程中，幼儿获得的又何止是一幅作

品呢？

对话法在艺术作品欣赏中的运用，不仅使幼儿的审美能力得以提高，而且丰富、充实、发展了幼儿各方面的素质。在活动中，幼儿不但敢于表达自己的想法，同时也敢于向老师提问，在与老师的"争论"中"顿悟"。他们的这些表现常常使我们获得像发现新大陆似的惊喜。例如，在一次给西班牙画家胡安·米罗的作品《女子与鸟》起名时，一个孩子根据画面边框色彩、大小不一的点，灵机一动，起了个名字"点、点、我点点点"，这个富于创意、生动而形象的名字立刻赢得了孩子们的一致赞同，大家都认为这个名字比米罗起的名字好。

在教育教学实践过程中，我深刻地体会到，与幼儿对话不仅是一种重要的教学方式，更是一种新的教育理念。它充分体现了教育的平等与民主、文化的沟通与理解、知识的建构与积累、智慧的萌发与升华。这些将给幼儿终生的可持续发展带来不竭的动力，也会使师幼间的情感更加交融。

2. 与同伴对话：三人行必有我师

孔子云："三人行，必有我师焉。"与其他教师的对话可以帮助教师个体寻找团队中的学习榜样与楷模，发现丰富的、适合自我发展所需的学习和教育资源。在幼儿园，教研组是教师间进行对话的主要组织，而教研活动是最为常见的同伴对话形式。老师们或观摩彼此的教育实践活动，或分享彼此日常教学中的案例，然后共同讨论解决问题的办法，共享讨论成果和各种反馈信息。这种团队合作进行反思的形式，能帮助教师个体提高自己的反思能力和水平。

下面我们就通过教研活动案例看看老师们是如何在教研活动中进行对话，提升自己的专业知识和理论水平的。

"幼儿行为指导策略"教研活动案例

活动目标 ▶▶▶

在研讨活动中，让每个教师讲述自己在教育教学过程中经历的有关"幼儿行为指导"的故事，通过经验分享、问题梳理、策略分类汇总，将散存于每个教师身上的、依存于情境的经验性智慧，转化为教师集体的实践性智慧，并作为日常指导活动的策略指南积累和传承下去。

活动准备 ▶▶▶

教研组组长要求全体教师每人提供一个自己在日常活动中的幼儿行为指导案例，结果共收到 53 个，这里面既有老师们成功的体验，也有老师们失败的回味。然后，教研组组长和课程指导专家 Y 老师对案例反映出来的问题进行了汇总、分析。

在分类汇总时，他们依据的原则是，案例反映出来的问题要带有普遍性。由于教育活动的丰富性、教育对象和教育情境的动态变化性，老师们普遍觉得，对幼儿行为进行指导是最难的。无论是资历尚浅的年轻教师，还是教学经验丰富的骨干教师，大家都有关于怎样"指导幼儿行为"的问题。然而，幼儿的行为问题是很多的，一次教研活动不可能涉及所有，这就需要教研组组长在进行教研活动前筛选出老师们最感兴趣、在实践活动中也最让他们感到困惑的问题进行研讨。问题的普遍性为教研活动的开展奠定了广泛的群众基础，能引发教师的共鸣，有利于形成集体智慧和问题解决方案。

通过对教师幼儿行为指导案例的分析、统计，教研组组长和Y老师发现，这些案例反映出来的问题集中程度较高，老师们的指导困难主要集中在六个方面：

- 有关幼儿"争夺"行为的指导。
- 有关幼儿"合作"行为的指导。
- 有关幼儿"语言表达"行为的指导。
- 有关幼儿"建构活动"行为的指导。
- 有关幼儿"拒绝学习"行为的指导。
- 有关幼儿"交往"行为的指导。

参加人员 ▶▶▶

全体教师和课程指导专家Y老师

活动过程 ▶▶▶

一、热身阶段：帮助教师明晰此次活动的价值和目的

教研组组长：在和幼儿朝夕相处中，在日常的教育教学中，每个教师都多多少少积累了一些有关幼儿行为指导策略的经验，但这种散存于每个教师个体身上的、依存于情境的经验性智慧不一定能被大家所明晰。今天，就让

我们通过教研活动理性分析、深入挖掘我们每个人指导行为背后隐藏的教育理念，把个体的隐性知识转化为集体的显性知识，以提高大家指导幼儿行为的能力。

教研组组长的一席话让大家明晰了此次活动的意义和价值，激发了大家对此次教研活动的兴趣。

二、互动阶段：分享案例，探寻案例背后的教育理念

（大屏幕显示：教研组组长和Y老师汇总分析的结果）

教研组组长：在对幼儿的这六类（争夺、合作、语言表达、建构活动、拒绝学习、交往）行为进行指导时，我们感到困惑较多。但是由于今天时间有限，我们就先来讨论大家最感兴趣、最希望得到解决的问题。

（经过商议，大家一致决定先集中讨论有关"争夺"行为的问题）

教研组组长：哪位老师先来谈谈，面对孩子的争夺行为，你是如何指导的？效果怎样？有什么问题？

C老师：我先来给大家讲讲我在这方面遇到的困惑吧。

一次在玩角色扮演游戏时，我刚宣布游戏开始，我们班的凡飞小朋友就冲到教室后面的"水果店"，把椅子放在"柜台"旁，然后又冲向材料区，拿出装"水果"的筐和秤，想扮演售货员。这时，新新也冲过来，拽住水果筐。"我先拿的。""我先拿的。"两人一边吵一边抓着筐回到"柜台"前，凡飞指着椅子说："看，我的椅子在这里，我先来的。"说完，抓起水果筐里售货员的帽子戴在了头上，可新新仍然抓着筐不撒手："你昨天才玩过，今天让我玩吧。""不行。"我见状走过去，对凡飞说："你昨天玩过了，今天让新新玩，好吗？""不行，我还想玩。""明天我们还会做这个游戏，到时候一定让你玩。"我继续劝说凡飞。"不行，我就要今天玩。"凡飞坚决不同意。这时候，新新说："那我明天玩。"说完，他就走了。

凡飞在我们班是一个能力很强的小朋友，他之前就已经玩过这个游戏很多次了。新新小朋友在我们班性格比较内向，从来没有玩过这个游戏。这次

游戏，我很想让新新玩，以鼓励他主动游戏的积极性。但是我又不知道怎么劝说，才能同时保护好两个孩子游戏的积极性。结果因为我没有劝说成功，新新放弃了。他后来就很少再主动地玩游戏了。

教研组组长：刚才，C老师谈了自己遇到的幼儿间发生的争夺行为。其他老师有没有碰到过类似的情况？你们是怎样解决的？

W老师：其实，这样的案例在小班幼儿身上经常发生。小班幼儿往往以自我为中心，尤其当他们争夺自己喜爱的玩具时，教师用说服的方式往往不奏效。记得在一次玩具分享日活动中，两个小朋友为一辆玩具小汽车该谁玩争抢得不可开交，任我怎么劝解也没用。后来，我想了一下，换了个方法，我对这两个小朋友说："我们来玩个公共汽车进站的游戏吧。""嘀嘀，汽车开来了，开到什么站？"我边说边将汽车推到其中一个小朋友身边，这个小朋友开心地边接住汽车边说："开到宁海路站。""下一站开到哪呢？"我提示他将汽车推向另一个小朋友。就这样，一辆小汽车在两个孩子手里开来开去，矛盾解决了。我认为，教师应该创设一些共同的游戏活动，减少因为玩具少而引发的幼儿争抢行为。

T老师：C老师遇到的幼儿争抢行为我也遇到过。一个班上，有的孩子能力比较强，反应也快，在游戏时，他们总是先"抢到"自己喜爱的玩具，能力弱的孩子往往争不过他们。碰到这样的情况，有时我会进行强制干预，"要求"能力强的、经常玩这个游戏的孩子"退"出来给能力弱的孩子玩。我觉得，作为老师，发现一些不平等的现象时，我们要及时调解，满足班级中"弱势群体"的需要。

教研组组长：俗语说"教无定法"，它从一个侧面反映出教学领域中存在着大量的有效方法，存在着大量的尚未规范化和显性化的知识。通过W老师和T老师讲述的故事，我们发现，面对幼儿间的争夺行为，她们采用的策略虽然是不一样的，但依据的都是孩子的年龄特点和事件发生的具体情境。这也提示我们，在对幼儿的不良行为进行指导之前，应先观察，后做情景分析，再选择策略，这样指导的有效性就会提高。还有哪位老师来讲讲，遇到幼儿有争夺行为时，你是如何解决的？

M老师：我来给大家讲讲我是怎么应对幼儿间的争夺冲突的。

我们班的汤汤小朋友很喜欢画画，平时一有空就会搬着椅子跑到美工区。上周，美工区添加了许多新的材料，大家都想去玩。这天，汤汤也像往常一样搬着椅子准备到美工区去，就在这个时候，涛涛比他快一点到达了美工区，抢了里面的最后一个座位坐下来。汤汤也不甘示弱，一边大声说"我先来的"，一边用自己的椅子去挤涛涛的椅子。两个人激烈地争吵起来。我看到后急忙走过去，对汤汤说："涛涛已经坐下来了，你就选其他的游戏吧。"汤汤很不情愿地走开了。不久，我发现他一动不动地坐在角落里，就问他："你怎么不玩其他游戏呀？"他嘟着嘴巴说："我还是想画画。"我对他说："不光美工区可以画画，自然角里也有东西可以画呀。来，我告诉你。"接着，我把他领到自然角，指着自然角的小蝌蚪和观察本说："你可以把看到的画下来。"他点点头，开心地拿来水彩笔，专心地观察、画画。

Y老师：M老师讲述的这个故事引发了我的思考：只有美工区才能画画吗？你看，M老师很巧妙地扩展了幼儿画画的空间，解决了幼儿之间的纷争，满足了孩子的活动需要……M老师的这种做法真的很有智慧。

教研组组长：还有谁来说说自己对幼儿间的争夺行为进行指导的故事？

H老师：M老师描述的幼儿间的这种争夺行为，我也遇到过。不过，我的处理方式和M老师不太一样。

我们班的一个小朋友因为没有玩到他想玩的游戏而大哭。我安慰他说，其他的游戏也很有趣，今天可以先去玩其他的，明天再玩想玩的游戏。可是，他就是固执地不肯答应。于是，我暂时离开了。过了一会儿，我让生活老师拿着拖把假装要拖地，请他到其他地方去坐。我借机让他坐到一个游戏区里面，开始他仍然只是坐着，渐渐地，他被其他孩子的游戏吸引住了，慢慢地参与进去。到游戏快要结束时，他已经玩得很开心了。就这样，我不动声色地、很自然地让他参与了游戏。

……

三、形成共识阶段：总结教师指导策略中共性的东西

教研组组长：通过大家精彩的讲述和分析，我们可以发现，面对孩子们经常发生的争夺行为，老师们运用了不同的策略进行指导。现在，我们一起给这些策略起个合适的"名字"吧！

L老师：我觉得W老师的指导方法可以起这样的名字——创造共享性活动法。她通过创设合作性的活动让孩子们共享玩具，有效地解决了幼儿因玩具少而引发的争夺行为。

Z老师：M老师的指导方法可以叫异空间满足法。

……

教研组组长：今天我们总结的这些有关幼儿争夺行为的指导策略，针对性都很强，但有效性如何还有待各位老师的实践和验证。

如果把我们能明白说出的知识看成显性知识，那么我们能感受到、觉得有效但又模模糊糊说不清的知识则为隐性知识。正如知识在线公司首席执行官罗恩·扬（Ron Yang）所说，"显性知识可以说只是'冰山的一角'，而隐性知识则是隐藏在冰山底部的大部分。隐性知识是智力资本，是给大树提供营养的树根，显性知识不过是树上的果实"，隐性知识对于一个人的发展要更加重要。我们的大脑中隐含着许多"知而不能言者众"的、"高度个人化"的隐性知识，只有当遇到具体情景的时候，它们才会显现出来。通过今天的案例共享，大家把自己有关幼儿行为指导策略的隐性知识显现了出来，并凝聚成为大家共有的财富。希望在以后的教育教学实践中，我们要做个有心人，不仅研究幼儿，也研究自己。将隐性知识显性化的过程就是我们专业成长的过程。

最后，课程指导专家Y老师就今天的活动谈了自己的感想，并就指导的一般过程，即观察—感受—情境分析—选择指导策略—评估指导结果进行了讲解，进一步帮助大家明晰了指导策略。

讲故事这种叙事性研究方法，是一种简单易行的教研方法，也是一种帮

助教师把隐性知识显性化的有效策略。教师行为的背后总有一定的思想作为指导，然而这种思想并不一定能被教师意识到。就如同每个老师都在说"不知道如何指导孩子"，但遇到具体问题时，他们还是不自觉地在运用教育理念和策略尝试解决，并且知道在哪种情景下运用哪种方法更有效。在研讨活动中，教师们通过分享各自在课程实践过程中发生的"指导故事"，把自己的隐性知识转化为显性知识，与其他教师分享，成为幼儿园共有的实践性智慧，促进了幼儿教师整体素质的提高。并且在研讨活动中，后一个教师的案例故事是在前一个教师案例的基础上被引发出来的，这更是让大家在相互创生中体悟到了"反思自己、研究自己、发现自己"的快乐！这些也正是教师间进行专业对话的巨大影响和魅力所在！

教师的专业发展之路是一条有着美好愿景却又障碍重重的遥远之路，愿走在这条路上的每一位教师都能尽快找到与自己同行的伙伴和朋友，和他们进行专业对话和交流，促使自己尽快成长起来。

3. 与自己对话：打开"自我反思"之门

在实践研究中，我深感教师除了要具备过硬的业务知识和教学基本功外，更为重要的是要有敏锐的头脑及较强的创造、反思能力。教师与自己进行对话的过程，就是自我反思的过程。反思不应停在表面上，要在反复的实践中，在他人的建议中，去钻研分析教材，去分析孩子的心理，获取对自己有用的、适合教学的信息。在"实践—反思—再实践—再反思"这样一个良性循环的过程中，我们才能逐渐成熟，逐渐提高自己的教育教学能力。在教育教学中，我们只有不拘泥于"预设"，不盲目取舍，正确处理好预设活动方案，才会生成更为精彩的课堂活动。这样的教师，才是真正有自身个性特点的教师；这样的教学，才能够体现教学的艺术。

经过一次次的自我对话，我逐渐发现，自己在反思时能够抓住主要问题了，自己的反思能力得到了有效的改善和提高。以小小班美术活动"蘸蘸变变"为例，这个活动的目标主要是让小小班幼儿通过学习用滚筒蘸着颜料滚印出各种不同的图案，促进他们手眼协调能力的发展。在实践活动过程中，由于我对低龄幼儿的年龄特征把握不准，活动开始时，情况很不尽如人意，走了很多弯路。后来，在不断地对活动进行调整和自我对话中，我对小小班幼儿有了更深的认识，修改后的活动也越来越适合孩子的发展。以下就是"蘸蘸变变"美术活动的三次实录片段。

美术活动："蘸蘸变变"

一、第一次教学活动片段

上课前，我先将精心准备的小动物图片放在每张桌子上铺满桌面的白纸下面，以便在活动后期，让小朋友练习用滚筒给小动物滚色。另外，我还准备了滚筒、颜料、夹子和晾衣杆。

随后，活动正式开始。

我：小朋友们，我们今天来玩一个变魔术游戏，好吗？

幼儿（齐声）：好。

孩子们睁大眼睛，等着我变魔术。

此时，不知什么原因，晓晓将铺在桌上的白纸弄破了一个角，里面憨态可掬的小棕熊图片立刻露了出来，这下他高兴极了，大喊起来："看，小熊、小熊！"邻座的妮妮赶紧也翻起那个已破的一角，找到了藏在白纸下面的小熊猫图片，她抑制不住地边挥舞手中的小熊猫图片，边喊："老师，我也找到了，我找到的是小熊猫，多好看！"其他4个原本想看看老师眼色再行事的"小机灵鬼"再也按捺不住，也纷纷掀开白纸寻找白纸下面的东西。

我：哦，有这么多的小动物，他们没盖"被子"，多冷啊！我们给它们盖好"被子"，好吗？（一个小小的意外，将我事先设计好的教育流程打乱了，我试图用玩游戏的口吻和情境将他们拉回到我所设计好的流程上来）

结果，只有4个小朋友重新把动物图片放在白纸下面。另外两个小朋友（利利和骏骏）仍然拿着图片，不肯收起来。

我：利利，骏骏，我们也来给小动物盖上"被子"，好吗？（我还是想用玩游戏的口吻和情境将这两个孩子拉回我所设计好的流程上来）

在我的强制命令下，利利和骏骏不情愿地把图片放在白纸下面。

我：老师手里拿的是滚筒，它是干什么用的呢？现在老师在滚筒上涂上颜料，你们看看在纸上会出现什么图案。"变变变，变魔术，一、二、三……"

此时，我发现，虽然孩子们对这个活动表现出了一定的兴趣，但是注意力明显不够集中。好几次，我看到他们偷偷掀起白纸想看下面的小动物图片，但都被我的眼神制止了。

（1）对小小班幼儿的年龄特点认识不够。这个年龄段的孩子以自我为中心，注意力易涣散，一旦受影响很难再集中，所以在很大程度上，他们是"不听劝"的。活动开始时出现的小小意外，影响了孩子们的情绪，虽然几经引导，但孩子们的情绪仍受到很大影响，最后活动只能勉强地进行。

（2）活动预设性太强。在这个活动中，我总是过多地考虑自己的想法，总想引导他们跟随自己的脚步走，这违背了低幼孩子的身心发展特点。如果我当时不把孩子拉回到自己预设的环节上来，而是针对出现的意外"将计就计"：既然孩子们看见了预先藏好的小动物图片，干脆就顺势满足他们的需求，让他们讲讲自己发现的小动物，那么活动进行起来就顺利多了。

二、第二次教学活动片段

第二天，在改进了活动方案后，我又任选了另外 6 名幼儿进行教学活动。这次我所做的教学准备是，小动物图片，布置成森林样子的展示板，滚筒，颜料，夹子，晾衣杆。

教学实录如下：

我先分别出示了没有颜料和有颜料的滚筒，然后在纸上滚，让幼儿看看纸上发生了什么变化，以激发幼儿用滚筒滚画的兴趣。

幼儿看到我滚出的网状花纹，进行了充分的想象：老虎的笼子、抹布的花纹、鱼网、包西瓜的网……

见他们讨论得差不多了，我对他们说："我们一起到森林里去玩，看看有哪些小动物，好不好？"

我拿出展板和小动物图片，让幼儿讨论交流后，对他们说："现在小动物身上穿的衣服，上面什么图案都没有，不好看。我们给它们的衣服印上漂亮的花纹，好不好？"

随后，我分发给小朋友们每人一张动物图片，然后示范用滚筒蘸上颜料给小动物的衣服滚印上漂亮的花纹。幼儿动手操作，尝试着给自选的小动物的衣服上印漂亮的花纹。不到5分钟，6个孩子全滚印好了。

我：请你们带小动物到外面晒晒太阳，好不好？

幼儿将自己的小动物夹到晾衣杆上。（复习夹夹子的技能）

我：对你的动物朋友说句最好听的话。

幼儿自由地和自己的动物朋友说话："小兔，你真漂亮！""小狗，你真好！"……

（1）对主体活动把握不够。有了上次活动的经验，我对此次活动进行了调整，整合进许多我觉得对孩子发展有益的元素，如复习对各种小动物的认识、练习夹夹子、学说一句好听的话。但这是一个美术活动，幼儿的主体活动应该是操作滚筒印出漂亮的花纹。整合了太多的内容，就使主体活动被削弱了。在这个活动中，滚的过程只持续了4～5分钟，根本没能让幼儿滚得尽兴。我觉得应该去除一些多余的环节，把滚印的环节加强，使活动变得更为简单，更能满足幼儿的需要。

（2）材料的投放形式阻碍了幼儿的操作。在此次活动中，幼儿不在乎是给哪个小动物穿衣服，只注重用滚筒蘸颜料滚印花纹所产生的变化及滚印的过程。给动物穿衣服这样的形式反而限制了幼儿的操作空间，不能充分满足他们的需求。

（3）操作环节没有注重循序渐进。幼儿在对滚筒产生兴趣之后，没有经过滚筒操作的练习就直接进入"用滚筒给小动物的衣服印上漂亮的花纹"这个环节，这忽略了幼儿能力循序渐进的特点。幼儿尤其是低年龄段幼儿的精细动作发展还不完善，小动物的衣服图片小，给衣服滚印上花纹对幼儿的精细动作能力要求比较高，如果没有经过练习，幼儿很难在这个环节获得成就感。

三、第三次教学活动片段

接下来的一周,我对活动进行了第二次修改,然后任选了班上另外6名幼儿开展活动,并做了以下的准备:三张桌子(上面铺满铅画纸),滚筒,颜料和夹子。

在进行简单的导入后,我就让孩子们自由地选择滚筒和颜料,在空白的纸上尽情地滚印。他们根据自己的需要尝试着用不同花纹的滚筒滚出不同颜色和形状的花纹,并对自己印出的花纹进行想象。他们非常专注于自己的工作。活动快结束时,孩子们都跑来请我去欣赏他们的作品。

这次活动,我根据孩子的需要,去除了一些比较程式化的环节,突出活动的主体部分,使活动变得更为简单,让孩子们在活动中能充分地操作,从而真正满足他们的需要。实践证明,这次活动的效果要比前两次好很多。

"蘸蘸变变"三次美术活动,给了我颇多的体会和启示:

(1)适合孩子的教育,才是良好的教育。小小班的孩子有他们自己的认知发展特点,他们不会按照成人认可的或刻意安排的模式走,而是表现得更加自我。所以,在设计和组织活动的时候,我们一定要注意让孩子做在前,"让老师来适应孩子",而不是"让孩子来适应老师"。在设计和组织活动的时候,要尊重孩子的身心发展规律:活动要简单一些,要去除我们预设的一些不必要的程式化结构,这样才是真正从幼儿的需要出发,顺应他们的发展。也只有这样,我们的活动才会更有价值和意义,孩子才会在适宜的环境中自然、和谐地发展。

(2)自我对话是改进教学实践的有效途径。这三次活动过程是对教育活动进行"设计—实践—反思—调整—再实践—再反思—再调整—再实践"的过程。第一次活动,我准备得不够充分,过于注重活动预设的流

> 程；第二次活动，我因为想准备充分以至操作环节过多、结构太复杂；第三次活动流程虽简单但顺应了孩子的发展。在这个过程中，我对小小班孩子的学习和心理发展特点有了进一步的认识，同时也明白了自己在教育活动中的角色应该是一个适时的引导者，而不是控制者。

除了通过教育教学活动与自己进行对话之外，还可以借助另一种媒介，那就是书。我把书当作老师，在与书的对话过程中，学习发现问题、探究问题解决的路径并最终解决问题。

与书对话：幼儿同伴关系的发现之旅

一、问题的提出

我：你曾说过，太多的同化会令人厌烦，太多的顺应将会超出承受。我不喜欢每次都教条般地做同一件事，适时创新一下，会给我的生活和工作带来意想不到的结果。这次在阅读专业书籍的过程中，我发现了"伯奇德关于吸引力研究"的描述。

> 我真切地记得那个下午，我开始理解外表吸引力的深刻含义。研究生卡伦·戴恩（现在已经是多伦多大学的教授了）听说，我们儿童发展研究所的一些研究者已经收集了幼儿园孩子们受欢迎的等级评定，并给每个孩子都拍了照片。虽然这些孩子们的老师和看护者都劝我们说"所有的孩子都是美丽的"，不应该对他们的外表吸引力加以区别，但戴恩还是建议，我们应该评价一下每个孩子的外貌，并将它与孩子们受欢迎的程度联系起来。结果发现，我们最初的冒险是正中要害的：有吸引力的孩子正是那些受欢迎的孩子。事实上，这种效应远比我们和其他人所想象的还要强烈，研究者现在仍在寻求它们背后隐含的意义。
>
> ——埃达·伯奇德

书：你在"伯奇德关于吸引力研究"的描述中得到什么启发了吗？

我：是的。它让我联想到那天早上我和女儿的对话。那天早上我们醒来的时候，已是阳光洒满床头。"妈妈，太阳溜进我们家，喊我们起床了呢，我要去上幼儿园。"女儿积极的心态，让我很是高兴。"别去了，在家睡觉吧，外面天很冷呢！"我故意逗她。"不行，老师会想我的，同学会想我的。"女儿的话让我开始关注幼儿间的同伴关系。为什么有的孩子会特别受欢迎呢？我觉得我有必要在我们班探索一下这个问题，尽管专业人员已经做过分析，我也不想放弃这次探索。因为我要进行的这次探索发现之旅，就像你所说的，目的在于培养自己的探索精神，不让智慧火花被繁忙的工作掩盖甚至扑灭。

书：明确问题是一个长期的过程。大多数时候，我们是带着并不清晰的问题进入研究的。明确问题后，你希望从中发现什么呢？

我：的确是这样的。在翻阅资料的过程中，我也在不断修正和考虑我的问题涉及了什么。我发现，自己关注的问题是属于幼儿社会交往范畴的。我希望，我在关注班级幼儿之间交往的外在表现的同时，分析出幼儿"受欢迎""喜欢他人"或"不受欢迎"的原因，以便更进一步了解班里的孩子。

二、问题的探究过程

书：你决定怎样去做了吗？

我：我首先观察了我们班里孩子间的交往情况，并记录下来。通过对幼儿的日常观察和记录，分析班级中某个或某些幼儿受欢迎的原因。下面是我在日常教学中所做的两篇观察记录。

> **观察记实**
>
> **你最喜欢哪个小朋友**
>
> 　　今天早晨，眼看班上的孩子差不多都来了，我起身打算接点水喝。这时，我看见同班的小周老师坐在幼儿 G 身边，两人有说有笑。我感叹，自己刚当老师的时候也喜欢坐在孩子身边，有一句没一句地和他们说说话。我走过去，问 G："你喜欢班上哪个小朋友啊？"小周老师在一边加了一句："先从女孩开始说吧！"这时，G 显出不自然的表情，不过他还算给我们面子，勉强地说："C。"小周老师惊讶地问："呀，怎么换人啦？"他很肯定地说："对，换了！"然后面带笑容地反问小周老师："你肯定猜我喜欢 W 吧！"
>
> **送贺卡**
>
> 　　班上的孩子在玩桌面玩具，幼儿 Y 拿了一张亲手做的贺卡看着正在远处玩的 W 小朋友。我觉得下面肯定会发生点什么好玩的事，便继续关注。Y 小朋友像是鼓足了勇气似的终于靠近 W 小朋友说："W，这张贺卡送给你！"W 小朋友四下瞅瞅，看见我朝他俩笑，有点不好意思的样子，没说话，也没收下贺卡。Y 小朋友显得不知所措。这时，我问 Y 小朋友："你为什么要送贺卡给 W 啊？"Y 瞪大了眼睛说："因为她是我的好朋友。"

书：你描述了两个发生在你们班幼儿身上的故事，你对这两件事是怎么看的？

我：亚里士多德将人称为"社会性动物"。我们知道自己与朋友和家人之间的亲密关系会使我们感到快乐。同样，在一个班级生活了三年的幼儿之间会存在一种我们可以理解的亲密关系，或许在小班我们无法很容易地发现，但随着时间的推移，幼儿在大班会把这种亲密关系淋漓尽致地展现在我们面前。但是他们的这种亲密关系是有同伴限定的。那么某个幼儿喜欢班上的另一个幼儿，并把他当作好朋友，这是一种怎样的心理反应？哪些因素决定着幼儿受欢迎的程度呢？

书：你提出了假设，接下来你要如何验证它们呢？

我：我的研究对象是本班幼儿，我要进行两项活动——"你喜欢和谁一起玩游戏，为什么"的小调查和"为好朋友画像"的活动。我对幼儿进行了非正式的访谈，并对访谈结果和幼儿作业（资料）进行了分析统计。

三、问题的探究结果

我：我发现，影响幼儿在班级中与其他幼儿亲密关系的因素可能有四个。

（1）相处时间的长短：同在一组的幼儿，因为接触得比较频繁，所以他们的关系就相对比较亲密。

（2）性格或爱好的相似性：性格或爱好相似的幼儿，如喜欢安静地玩或者是有共同的喜好的幼儿，关系相对比较亲密。

（3）长相：长得漂亮的孩子一般在班里比较受欢迎。

（4）被老师积极关注的程度：被老师积极关注比较多的孩子一般是比较能干、在班级表现比较突出的孩子，幼儿往往最先接触他们。

书：你已经和我分享了你的研究过程和结果，最后你还有想说的吗？

我：幼儿喜欢他人或受欢迎的原因，有的是我们能够很快总结出来的，比如外表特征，这里的外表特征是指幼儿长得吸引人，或者穿着整洁，这类幼儿更容易成为别人找同伴时的第一选择；比如性别，幼儿在选择自己喜欢的同伴时，基本上是女孩选女孩，男孩选男孩，这符合相关研究的结论，即从幼儿园到青春期早期的同伴友谊中存在着强烈的性别隔离；比如智力因素，聪明能干的孩子是容易成为别人的好朋友的，而不聪明的孩子有时会表现出某些不适当的行为，如缺乏时间概念、笨拙、动作协调性不好等，他们通常会受到其他同伴的排斥。当然，有些原因是需要我们通过对幼儿的长期观察才能了解到。

因为喜欢而模仿《教师行动研究——教师发现之旅》这本书的形式,我与书进行了对话。与书的对话其实是现实中的我与观念中的我进行的交流碰撞,也就是与自己进行对话。与自己进行对话是人类认识成熟的标志,个体只有通过自觉的自我对话,勇于否定自我,才能实现从心态到行为的蜕变。这个自我磨砺的过程是艰难的、痛苦的,但是其结果是美好的,其未来是光明的。教师从"必然王国"走向"自由王国",在获得理性的升华和情感上的愉悦的同时,也提升了自己的精神境界和思想品位。

4. 与"专家"对话：感受心灵的"激荡"

除了与其他教师、与自己、与幼儿进行对话外，我们还需要与"专家"进行对话。它可以帮助我们更好地掌握研究方法，增加我们对教育问题的敏感性，帮助我们建构科学的教育理论并端正我们对教育问题的认识。这里的"专家"范围很广，既包括学前教育专业人士，也包括对我们教育教学有指导帮助的民间艺术大师们。

（1）依托幼教杂志与"专家"进行对话

面对面向专家请教、与专家交流的机会是十分有限的，因此，我主要依托幼儿教育期刊与"专家"进行对话。全国权威的幼教杂志如《学前教育》《学前教育研究》等，我每月必读。对于上面自己感兴趣或者有困惑的内容，我会给作者写信或者发电子邮件去请教，一般都能得到他们热情的回应。我还会参加幼儿教育期刊定期举办的讨论和投稿活动，在与"专家"的对话中探索解决问题的对策，谋求共识。

记得刚参加工作不久，我遇到了一个困惑：怎样写好反思笔记、提高自身反思能力？当时，我不太好意思向园里的其他老师请教，碰巧在阅读《学前教育》的时候看到上面有"教育诊断"这个栏目，该栏目主要是请专家解答一些老师们在教学实践中遇到的难题。我抱着试试看的想法，给该杂志写了一封电子邮件。没想到，没过多久，我就得到了专家的回应和指点。

老师：

您好！

很高兴在"教育诊断"栏目与你相遇并且共同探讨关于"如何提高幼儿

教师反思能力"的问题。这是一个在幼儿园里具有普遍性和现实性的问题，也是广大教师与管理者共同关注的问题。而文本式的专业对话使得我们双方更加趋向平等和畅所欲言。下面我就谈谈我的看法。

第一，写好问题引入式的反思笔记。反思笔记是教师在日常工作中练习和提高自身反思能力的有效方法。一般是针对教育事件或实践情景片段，反思者运用随笔、手记或日记等形式记录下自己思想和行为变化的过程，记录与叙述的过程就是反思者在进行自我对话、自我反省的过程。写好反思笔记有几个值得注意的要点：

关键之处在于发现事件：也就是发现问题。可以把一个星期作为时间单位，将自己在本周内日常教育工作中对某个（或某些）活动（尤其是让自己感到兴奋、困惑、气愤或感动的事）的感想与检讨记录下来。因为教师无法记录所有的事件，所以教师首先要敏锐地发现和捕捉关键事件，然后梳理出事件发生、发展的逻辑思路，并且展示问题解决中成功或失败的路径。在动笔之前，教师先要对所写事件进行全过程的整理与反思，发现问题，找出其中的主要问题和关键环节，回顾相应的发展过程，这样动笔就成为"水到渠成"的事情了。

核心之处在于变换角色：由于老师们习惯于把自己放在活动实施者、主导者的位置上，使得事件记录多为陈述性或概述性的，带有教师明显的主观判断和经验分析，忽略过程与细节，轻易下结论。因此，教师首先要转变自己的观念，尊重事件的真实性，把自己置于"自省者"和"旁观者"两种角色之中，学习转变记录的语序习惯，通过叙事性和写实性的文法，描述事件的过程，关注事件经历的关键细节，如师幼的对话、孩子的表情动作、事件的环境氛围等。

加强之处在于文字练习：反思笔记总体上比较简短，所以要求文字简洁、流畅，描述自然、生动，在事件的过程中铺垫问题的产生、发展和笔者的思维脉络，让阅读者感到故事真实，具有可读性。这需要教师在长期写作的过程中自觉加强文学修养，加强文字练习。

以下案例是反思者针对日常教育活动中的细小环节，展开的有效实践反思。这篇反思笔记,文字生动活泼,思路清晰流畅,具体呈现出一条由浅入深的教师反思链:经历实践—问题—反思—研究—改善(修正)行为—提升。

"留白"——开启幼儿的创造之门

每天的晨间活动时间,我总会给孩子们提供许多的体育玩具,让他们尽情挑选,自主选择玩法,这段时间也就成了孩子们最开心、最放松、笑容最多的时刻。今天,我为孩子们带来了自制玩具——彩色飞盘(将硬纸板剪成直径约15厘米的圆形,在上面装饰一些图案,然后在圆周打上6~8个小孔,在小孔里穿上彩色丝带。往上一扔,飞盘就会在空中转动起来,彩色丝带也随之在风中飞扬,非常漂亮),相信新玩具一定会使这些小家伙们高兴一阵。

当我像变戏法一样从筐子里拿出一只只彩色飞盘时,孩子们都聚拢过来了:"老师,这是什么呀?"他们十分好奇。我刚想告诉他们,转念一想:何不听听孩子们的想法呢?于是反问道:"你们觉得这是什么呢?"遥遥说:"这是帽子吧。"甜甜说:"圆圆的,好像是飞盘。"乐乐说:"我觉得是彩色的风车。"……孩子们的想法就是和我们不一样。

"你们可以自己给新玩具起名字,再想一想这个玩具可以怎么玩,看谁的玩法多。"我提议道。于是,孩子们纷纷拿起飞盘玩了起来。遥遥拿起一只她心目中的"彩色帽子",顶在头上,张开手臂,小心翼翼地过起了独木桥;甜甜找来好朋友,拿起一只飞盘,玩你抛我接的游戏;明明把飞盘夹在两脚之间,用力一跳,就把飞盘远远地甩了出去。有的孩子在地上滚飞盘;有的孩子把飞盘顶在手指尖上,比谁顶得稳,顶的时间长;还有的孩子把飞盘竖放在地上旋转……

随后,我和孩子们一起交流了各自不同的玩法,讨论如何玩更有趣。在同伴的启发下,孩子们又想出了许多有新意的玩法。

反思一

年龄有限，创意无限。案例中，幼儿的创意让我们惊叹，对于一个小小的飞盘，幼儿竟有那么多的奇思妙想和富有创意的玩法。我们可以看出，其实幼儿会用独特的眼光和角度看问题，而有些问题恰恰是我们成人在墨守成规中所忽略的；他们会用超常规的方法去探索，而这些方法往往是我们成人在循规蹈矩中所未曾尝试的。有时我们教师确实需要静静地听、耐心地等，需要"慢一拍"，需要"懂也装作不懂""知道也装作不知道"，抛弃"老师不教，孩子怎么能会"的观念，真心地向孩子学习。

反思二

无限创意尽在"留白"中。作为教师，要敢于、善于解放幼儿，给幼儿留下想象和创造的空间，帮助他们打开创造之门。当我出示飞盘时，没有告诉孩子这个玩具就叫飞盘，从而避免了因名字限制他们的想象；随后也没有教孩子应该怎么玩，而是鼓励他们自己寻找玩法，并给了他们充分的探索时间，对他们的别出心裁给予肯定。等待、期待、引导、鼓励、肯定……在这里都成了"教育留白"的好方法，于是，无限创意尽在"留白"中。

第二，幼儿教师反思能力的提高需要长期的积累，综合培养，逐步提高。"问渠哪得清如许，为有源头活水来。"反思的源头在于丰富的教育实践积累。教师只有在大量充实的教育实践基础上，以丰富的教育经验为底蕴，反思水平才能够真正得到提升。学习和掌握反思的基本技术与方法只是反思活动的第一步，提高教师反思能力与提高教育教学技能并非等同的过程，反思能力可以促进对教育教学技能的深入理解和主动研究提高。但是，反思不仅仅是一种技能。

第三，反思能力的高低与教师自身专业水平与综合素质有着直接的关系。"欲穷千里目，更上一层楼。"反思能力隶属于教师专业水平的一部分，与教学能力、研究能力共同构成教师整体的专业能力。反思水平的高低取决于反思教师在实践活动中的体验与感悟，而体验与感悟的程度来自反思教师的观察、辨析等专业水平，而专业水平的基础必然建立在综合的教育知识、人文知识、自然知识的学习基础上。因此，教师应该积极参加多元化的综合性教育教学活动，多渠道培养与提高自己的综合素质。

最后，诚挚地希望你能够在反思中进一步成长。

专家结合具体案例进行的深入浅出的指点使我豁然开朗：一封电子邮件让我获得了这么丰富而深刻的信息，和"专家"交流的形式原来可以这样不拘一格！我感受到了交流的重要，感受到了发展的压力与需要，同时，也感受到了职业的幸福。

（2）面对面与"专家"进行对话

与文本对话固然不错，但是如果能够直面"专家"并和他们进行交流，那就更好了。非常幸运的是，我有了一次与大师面对面交流的机会。

那一次，园里要求我们班展出一节音乐公开课。经过商讨，我们决定选用民歌《茉莉花》作为此次音乐活动的素材。这首民歌旋律和意境优美，歌词朗朗上口，每一段歌词的前两句重复出现的特点符合孩子的心理发展规律。可是在随后的准备工作中，我们发现，关于这首歌曲的出处和创作背景，大家是众说纷纭，莫衷一是。没有这部分内容，我们在给孩子讲解这首歌曲的时候就难办了。后来，园长知道了我们的困难，她告诉我们，她认识这首民歌的原作者何仿老先生，她可以把我们介绍给他，让我们当面向他请教。在园长的帮助下，我们与何老见面了。

那天，我们到的时候，何老先生刚午睡不久，他知道我们到了执意起床。

他亲切的微笑、爽朗的谈话、热情的招待，一下子把我们之间的心理距离拉近了。当我们说明来意后，何老侃侃而谈。我们的聊天就这样开始了。

何仿：你们想知道些什么？

我：您能告诉我们当年您是如何采集到《茉莉花》的素材的吗？

何仿：当时，我只有14岁，是新四军淮南大众剧团的一名文艺战士，随团来到江苏的六合、仪征一带开展反扫荡的宣传工作。在一间茅屋里，我见到了一位30多岁的艺人，他唱起了《鲜花调》。这首歌优美动听、婉转悠扬的旋律一下子就打动了我。我先花了一个小时左右的时间，用简谱记下了这首歌。接着，我又向那位艺人学"行腔"，很快按他的唱法准确地唱了出来。

我：歌曲改过吧？您是怎样改的呢？

何仿：的确改过。《鲜花调》虽然动听，但毕竟来源于民间，创作上不免粗糙一些。原歌词描述的形象比较多，共写了三种花：茉莉花、金银花、玫瑰花，而且情歌色彩颇浓，格调不够高雅。我将歌词中的三种花改为一种花，更改后的歌词为："好一朵茉莉花，好一朵茉莉花，满园花草香也香不过它，我有心采一朵戴，看花的人儿要将我骂；好一朵茉莉花，好一朵茉莉花，茉莉花开雪也白不过它，我有心采一朵戴，又怕旁人笑话；好一朵茉莉花，好一朵茉莉花，满园花开比也比不过它，我有心采一朵戴，又怕来年不发芽。"

（说到这里，老先生情不自禁地边用手打着节拍边唱了起来。我们也被老先生的激情感染了，大家忍不住鼓起掌来）

何仿：改动后的歌词集中了意象，在茉莉花上做足了文章，把少女们爱花、惜花、怜花、爱美、羞怯、腼腆的心态刻画得入木三分。曲子保持了原来的基调，但前后做了增补，特别是结尾加了拖腔，使其更为明朗、欢快、热忱。

我：我们还有些困惑——这首歌出于南京，可为什么会有程桂兰老师用苏州方言演唱的版本？《茉莉花》不是苏州民歌呀！

何仿：那是1957年的事了。我受命组织排练合唱节目随团赴京参加全军文艺汇演。我打算组织一个四人女声小合唱，演唱安徽、浙江和江苏三地各一首民歌。安徽、浙江的民歌很快定下来了，江苏民歌却一时定不下来。我就想到了战争年代中无暇顾及，但始终印刻在脑海中的那首《鲜花调》。我经过反复考虑做了些改动。没想到，在北京演出时效果很不错。

我：您最近听说过《茉莉花》被定为扬州市市歌的事情吗？

何老听到这话，表情凝重了起来。他递给我们一本装帧精美的手册："这是扬州市定《茉莉花》为市歌时给我的。他们说要给我几十万块钱买这首歌的版权。我能答应吗？首先，这首歌的歌词不是我写的。它的原型是我在六合金牛山采集的《鲜花调》。根据现有的史料，关于《鲜花调》的最早记载是清朝道光元年编纂的一本书《小慧集》。据六合的文艺家、音乐家考察，这本书里的《鲜花调》和我当初在六合采集的《鲜花调》的歌词基本相同。按照惯例，民歌的籍贯，就是它的采集地。《茉莉花》的采集地是南京六合，那么它的籍贯就是南京。我在六合采集了《鲜花调》，这个事实是千真万确的，是不可改变的！江苏人民才是这首歌的真正作者，荣誉是江苏人民的！"

（这一席话让我们对何老肃然起敬。这种尊重历史、尊重事实、不为金钱所利诱的精神是多么崇高和伟大！）

最后，老先生还告诉我们一个小秘密："我听过许多版本的《茉莉花》，包括前不久宋祖英在维也纳演唱的《茉莉花》。不过，我认为最好的还是中央电视台4套每晚10点半箫独奏的版本。"我们几乎异口同声地说："今晚回家一定要听！"

时间不知不觉中已过下午6点，我们依依不舍地离开了何老先生的家。在回家的路上，我们每个人心里都感到愉快与满足：原来《茉莉花》的背后竟有那么多的故事！这次与何老零距离接触，不仅让我们学到了一些音乐知识，更重要的是让我们懂得了做学问应有严谨的态度。

回顾采访场景，我们始终浸润在何老带给我们的方方面面的喜悦和感动中：传统文化的一脉相传；民间艺术的无穷深邃……但此次采访给我们影响最大的是何老的人格魅力。他始终恪守着自己的原则，给高贵的心灵一个美丽的住所。在这个物欲横流的经济时代，他仍不为金钱所诱惑，始终坚持"诚信"二字，还历史于本真。这是何等高尚的人格！这种人格的力量深深震撼着我们，洗涤、浸润着我们的心灵。

　　此外，阅读名著也是我与幼教大家进行对话的重要方式。名著凝聚了幼教大家对幼儿教育的认识和看法，阅读名著的过程也就是与这些大家们进行对话的过程。在读书的过程中，我一般会带着思考和问题去读，借助文字与专家对话，拓宽知识面，端正自己对幼教问题的认识。

5. 主题式案例研讨：我的故事我来讲

教师是在三种背景下工作的：教学情境的不确定性，教学对象的复杂性和差异性，教学决策的不可预见性和不可复制性（迈克·富兰，《变革的力量》）。要想适应这三种工作背景，我们就必须积累和研讨大量的案例，从案例中探寻教育教学活动的规律。适合幼儿园的案例研讨主要有两种形式：一种是案例故事研讨，即让教师讲述自己的教育故事，通过故事了解事件的背景、发生、发展、结尾的全过程，然后大家共同进行分析、讨论、反思、提出解决问题的策略，从而形成正确的教育观念，掌握科学的教育方法。当然，案例故事并不是随意讲述的，而是围绕一个主题展开。另一种是情景课例研讨，即教师先观摩其他教师的现场教学活动，然后运用专业知识和实践经验，来发现、分析、研究、解决同伴教学过程中存在的问题。这一种教研形式在幼儿园教研活动中应用得最为广泛。在前面的内容中，我们涉及的教研活动多是情景课例研讨，在这里，我就不再举例了。下面我主要想通过教研活动案例跟大家讲讲第一种教研形式，也就是案例故事研讨，在幼儿园教研活动中具体是如何开展的。

"幼儿环保行为习惯的培养"教研活动案例

活动背景 ▶▶▶

这天，幼儿园的多功能厅不时地传出爽朗的笑声，不要以为这里在举行联欢会，这里是我园园本教研的研讨现场，区里的教研员带着各园的业务园长前来观摩教研活动。此次教研活动的主题是"幼儿环保行为习惯的培养"。

活动过程 ▶▶▶

一、趣味测试题

主持人首先请在场的每一位老师一起做了一个心理小测试，测试的题目是这样的：

在吃苹果时，你有什么特别的习惯或喜好？

A. 一定要把皮削干净，切成一小块一小块的，并装在盘子里，美美地吃。

B. 把皮削一削，不切就吃。

C. 把皮擦一擦或洗一洗就直接啃。

D. 懒得吃，喜欢打成汁喝。

等大家选择完毕，主持人说："这些选项揭示了大家的性格。你们想知道自己的性格是怎样的吗？"

随后，主持人对各个选项进行了分析。接下来，她说："刚才的趣味测试题不一定科学，但它告诉我们，个性不同的人在处理同一件事时有不同的方法。那么，在培养幼儿环保行为习惯方面，我相信每位老师都有自己独到的见解和做法。在实践中，我们也肯定积累了很多精彩的故事。今天的教研活动就为大家提供了一个交流和发表观点的平台。"

> 主持人考虑到这天有观摩老师，本园老师的情绪肯定会受到影响，活动一开始就直奔主题，他们可能会觉得拘谨。一个趣味测试，不仅活跃了现场的气氛，也拉近了观摩老师和本园老师间的距离，可以看出，此时，大家紧张的情绪已荡然无存。

二、故事大家说

主持人说："下面我们就进入今天教研活动的第二个环节——故事大家说。

在这个环节，我们要一起分享三位老师在培养幼儿环保行为习惯的过程中所发生的真实故事。在听的过程中，我们可以思考这样两个问题：第一，三位老师在教育实践中具体运用了哪些教育策略？第二，针对他们具体的教育行为，你有什么好的建议？"

首先发言的是大班组的毛老师。平时，毛老师善于思考但不善言辞，这次也许是准备充分，也许是事情就发生在自己身边，毛老师讲得很流畅，特别是最后的一连串问题，不仅道出了她的困惑，也给现场的老师留下了深刻的印象（见案例故事1）。

案例故事 1

那天的点心是牛奶和饼干。在喝完牛奶后，小朋友们都将牛奶袋子扔进了盥洗室的垃圾桶里。可能是因为垃圾桶里比较满的缘故，有几个牛奶袋子从上面滑落了下来，静静地躺在地上。杨杨是值日生，他擦完桌子后到盥洗室里洗抹布，看见了那些掉在地上的袋子。他将抹布挂好以后，就走过去将袋子捡起来扔进了垃圾桶，并在垃圾桶上面用力地踩了几脚。这样里面的东西塞紧了些，就不再往外掉了。

做完这些，杨杨将刚才所做的都告诉了我。他说："老师，刚才我看见有好多牛奶袋子掉在地上，我把它们都扔到了垃圾桶里。垃圾桶里面太满了，我就这样用脚把它们踩扁了。"他边说着边抬起腿做了个踩的动作。"好！你真会动脑筋！"我夸奖他。其实，我在培养孩子们养成不乱扔垃圾的习惯上还是用了些心思的。比如，带孩子们分别参观过一些脏乱的地方和整洁优美的地方，然后请他们进行比较，体验不乱丢垃圾的好处；和孩子们一起制作班级分类垃圾桶，绘制一些呼吁人们把垃圾丢进垃圾桶的环保标志；散步时，带孩子们到幼儿园周围捡垃圾。此外，平时我也总是抓住各种偶然事件和一些有利时机，引导孩子们爱护环境，不乱扔垃圾。

> 于是，那天上课时，我在全班小朋友面前表扬了杨杨捡牛奶袋子的做法，希望借此事提醒全班小朋友见到垃圾应该随手捡起。小朋友纷纷表示，自己在幼儿园里看见垃圾都会随手捡起来并扔到垃圾箱里。我说："我们不仅要在幼儿园里这样做，平时也要坚持。如果在其他地方看到有人乱扔垃圾，我们也要请他们把垃圾扔进垃圾桶里；看到地上有垃圾，我们也要捡起来……"这时，思源在下面接着我的话说："老师，上次我和妈妈逛街的时候看见地上有脏的塑料袋，我要去捡，妈妈不让我去。她说这么脏，不准捡。"
>
> 接着，依依也说："老师，我和妈妈到市民广场上去玩的时候看见那里有餐巾纸。我跟妈妈说要把餐巾纸扔到垃圾桶里，可是妈妈说那是人家擦过鼻涕的，有细菌，也不让我捡。""有一次放学回家时，我在马路上捡起一个破盒子，奶奶问我干什么，我说要把它扔进垃圾桶里去。奶奶一下子就把那个盒子从我手里打掉了，还说'脏死了，谁要你捡'！"蓝蓝激动地说着……之后，很多小朋友都讲述了自己类似的经历……
>
> 如果孩子在外面屡受挫败，那么他们还能勇敢地担当环保小卫士吗？面对学校教育与家庭教育的不统一性，甚至是对立性，我们又该怎样做呢？

接着毛老师的发言，主持人追问了一句："如果是你的孩子捡起路上的垃圾，你是反对还是支持？"也许感到这个问题有些突然，毛老师没有立即回答，而是考虑了一下说："如果……""只要回答两个字，是支持还是反对？"主持人追问道。毛老师迟疑了一会儿，吐出两个字："反对。"显然，这句话说得底气不足，但这是她的真实想法。

其次发言的是中班组的贾老师。她是一位新教师，非常喜欢孩子，但孩子不买她的账。在培养孩子轻轻说话的过程中，她遇到了困难，感到很苦恼（见案例故事2）。

案例故事 2

每当听到教室里孩子们制造的那令人烦躁而又无法躲避的噪声时，我都感到很困扰。我该如何引导孩子们自觉地保持安静呢？

针对这一问题，我开展了一系列活动，例如，组织专门的教育活动"乐声和噪声"，让孩子们初步了解乐声和噪声，知道噪声的危害。活动结束后的一段时间里，只要有大声讲话的声音出现，其他孩子就会喊："这是噪声，噪声！""我不喜欢噪声！"但是，他们却不知道自己在大声说话的时候也制造了噪声！为了解决这个问题，我又开展了"文明小天使"活动，把全班的孩子分成若干组，每组选一名"文明小天使"做监督员，监督本组的孩子。一段时间下来，效果很好，孩子们知道要小声说话，吃饭时也安静多了。除了监督员的监督，一些孩子也会主动监督……

新的学期开始后，班上多了很多新的同学，新鲜感和求知欲支配着他们的探索活动，不可避免地增加了噪声的强度！"文明小天使"活动的效果减退到了零。一切照旧，孩子们一有机会就大声说话。我采用表扬、鼓励或批评的方式，也只能使孩子们安静几分钟，他们就像一台失去控制的机器，说个不停，刹也刹不住。我觉得自己无计可施了！

还有什么办法能让孩子们生活在安静的氛围中呢？

最后发言的是小班组的王老师。她是本学期刚上任的教研组组长，在培养孩子节约用水方面，花了很多心思（见案例故事 3）。

案例故事 3

我发现，最近连续几天，在孩子们洗手后，整个盥洗室的地上、洗手池的边缘都是水，我感到有些奇怪。孩子们之前洗手的时候都好好的，即使不小心把水撒到地上，也不会有这么多呀。这是怎么回事呢？

又到了盥洗时间，我悄悄地站在盥洗室门口，看孩子们是如何洗手的。大多数孩子擦了肥皂，小手搓呀搓，有序地进行着……而只有以洋洋为首的几个孩子，有的用手接满了水，不停地扭动着屁股，手舞足蹈地比画着，结果水都流到了地上；还有的突然用手拧开水龙头，水龙头里的水一下子冒出来，溅到墙上、地上，之后还自言自语道："好高啊！喷出的水花像喷泉一样，真好看！"事情真相大白了……

我想，贪玩好动、喜欢玩水是小班孩子的天性，孩子们弄得水花四溅，对着好朋友做做怪相、表演一下也不足为奇。但这提醒我，孩子们对于以前的要求有些淡忘了。于是我组织幼儿玩游戏"谁洗小手快又静"，并创编了一首儿歌："饭前便后要洗手，我和肥皂握握手，泡沫白花花！我和清水握握手，清水哗啦啦！我和毛巾握握手，水珠不见啦。两只小手握一握，变成一朵'馒头花'。"我让孩子们一边念儿歌，一边洗，儿歌念起来朗朗上口，他们能从中悟到洗手的重要性，掌握正确的洗手方法。实践证明，这种不经意间的游戏形式使孩子们洗手的积极性提高了。

此外，我还在每个水龙头上贴了一个红箭头，提醒孩子们看到红箭头转到前面就不要再拧了，这样流出来的水正好洗手又不浪费；对于洗手忘了关水龙头或没关紧的现象，我每天安排两个"小鬼"当家，做环保小卫士。现在，孩子们洗手的时候，地上已经很少有水了。

 反思

环保行为习惯的培养是近年来课题研究中的一个重点，老师们在这方面也有很多的困惑。主持人在众多的问题中进行了筛选与价值判断，挑选了这三个比较有代表性的案例，帮助老师们解读教育行为，分享幼儿环保行为习惯培养的有效策略，很容易引起老师们的共鸣，激发老师们参与教研活动的积极性。

三、行为大解码

待三位老师讲述完后,主持人说:"感谢三位老师给我们讲述了生动的故事,下面进入教研活动的第三个环节——行为大解码。请大家用专业的眼光和实践经验来审视、解读三位老师在案例故事中所呈现出的教育行为。在培养幼儿环保行为习惯的过程中,三位老师具体运用了哪些策略?针对他们的具体教育行为,你有什么建议?由于时间关系,每个教研组解读一个案例故事:大班讨论中班的,中班讨论小班的,小班讨论大班的,15分钟后进行大组交流。"

各小组的老师围在一起开始了讨论。见大家讨论得差不多了,主持人说:"刚才大家讨论的气氛很活跃,下面哪个小组先来与大家分享一下讨论的结果。"

除了小班组外,发言的都是教研组组长。大家分析得头头是道,不仅分析了发言的三位老师具体运用了什么策略,而且分析了为什么该策略有效。后面观摩的老师听得频频点头。

为了增加教师之间的互动,主持人为讲故事的三位老师与发言的老师安排了一个互动的环节——"听了他们的建议后,你有什么感受?",让老师们进行面对面的交流。

通过分组讨论、集中交流,大家不仅总结了这三位老师在教育活动中采取了哪些教育策略,还分析了这些策略为什么有效,从中老师们不难发现,这些策略对于培养幼儿的其他行为习惯同样可以应用,方便在以后的教育活动中拓展迁移。

四、妙招大家出

主持人说:"我相信,在座的老师在幼儿环保行为习惯的培养上一定还有许多妙招,下面进入我们教研活动的第四个环节——妙招大家出。在这个环节,每个老师都可以发言,发言后请拿出一朵花放在桌上。最后我们看看哪个教研组的妙招最多。下面,我们一个一个板块来看,先看节约用水,对此你还有什么妙招?"

虽然只是一朵用积塑插的小花,但老师们还是很在意,大家都不甘示弱,抢着发言,都想为教研组赢得一朵花!在发言过程中,老师们谈的一般是自己具体的做法,谈完,主持人会追问一句:"那你用的是什么策略呢?"如果老师一时答不上来,主持人和其他老师就一起帮他提升。到发言结束时,记录的每个策略下又有了许多具体的操作方式。

主持人:"由于时间关系,今天就说到这里。下面让我们一起回顾一下在环保行为习惯培养方面,我们今天都讨论了哪些策略以及它们的具体操作方式。"(大屏幕显示)

- 让孩子体验。让孩子知道该怎么做,为什么要这么做,让孩子充分感受、体验良好的环保行为习惯带来的好处。
- 与孩子一起讨论并制定行为规范准则。充分发挥孩子的主动性,和孩子一起讨论具体的规范要求。
- 充分发挥榜样的力量。榜样的力量是无限的,名人、老师、家长、同伴等都可以作为榜样。
- 持久的训练。一种行为习惯的养成至少要坚持一个月以上的不断训练。
- 形成良好的集体氛围。对于孩子好的行为,教师要给予鼓励、支持、欣赏;对于孩子的不良行为,教师要及时分析、评价、给予引导。

主持人结语:"良好的环保行为习惯的培养是一项长期的、日积月累的、循序渐进的、耐心细致的工作,需要我们更多的关注与研究,提出更多有效的教育策略。我们不能通过一次教研活动就得出标准的、正确的、放之四海而皆准的结论,现实中还有很多的问题有待我们继续思考、摸索和尝试。也许,今天的交流不能马上解决大家的实际问题,但我希望今天的活动能给予大家启迪,能拓展大家的思路,能给大家的教育实践注入更多新的活力。

 反 思

在最后一个环节,大家争先恐后地发言,既与其他人分享了自己的经验,又为自己的教研组赢得了一朵朵小花。活动中,每个教师都是主人,都享受到了教研活动所带来的快乐。

6. 网络园本教研：搭建信息化教研的平台

传统教研虽然会产生一些思想的火花，但是这些火花稍纵即逝，不易形成观点；有时教师还会因为面子问题和权威意识而不愿或不敢自由发表言论，使教育研讨活动陷入僵局而难以深入。如果幼儿园能够把网络平台与园本教研有效链接，则为教师的专业成长搭建了一个平等、和谐、共同学习和共同提高的平台。

在网络这个广阔的平台上，教师可以通过文字来提炼观点、形成思想，把一些不准确、模糊、肤浅的表述与思考变得较准确、较清晰、较深刻。网络的虚拟空间，使得教研氛围变得民主、平等、创新、合作，有利于形成良好的教研文化，使研讨更深刻、更具实效性。通过网络，教师们既可以针对教学活动设计方案进行研析，又可以对教学活动视频材料进行点评；既可以对课题进行集体讨论，又可以与大家一起分享好的教学点子。

（1）"网上方案研析"的互动设计

"网上方案研析"是以具体的活动方案为载体，老师们通过发帖、读帖，实现交流、研讨、互助和反思。例如，针对语言活动课《小熊住山洞》一课，我园语言学科教研组首先在网上发出设计活动方案邀请，请大家设计教学方案，老师们积极响应，广泛参与，纷纷把自己设计的活动方案张贴在幼儿园的网站上。之后，大家互评，选出设计较为理想的一个方案。随后，教研组选定一位老师根据教学方案进行第一次授课，授课完毕，上课的老师张贴教学实录，其他老师通过网络对教学过程进行点评，发表意见。结合大家的建议，上课的老师再次修改教学方案。整个研讨活动遵循"确定教学设计方案—上课—反思研讨—调整设计方案"的原则，使得每一次出现的问题都成为研讨的热点，并得以克服和解决，从而大大提高了教师设计和组织教学活动的能力。下面就是《小熊住山洞》一课的活动实录及大家对授课教师的点评。

"大班语言活动：小熊住山洞"活动实录及点评

活动目标 ▶▶▶

（1）让幼儿通过观察大树在四季的变化，感知四季的主要特征，知道大树与自然的关系。

（2）让幼儿领悟小熊一家没有砍树造房，一直住在山洞里的原因，懂得爱护树木、保护环境是一种美德。

（3）培养幼儿乐于参与文学活动的兴趣，引导其积极发表自己的意见。

活动准备 ▶▶▶

（1）展示春、夏、秋、冬四季美景的课件和字卡。

（2）小动物头饰若干。

活动过程 ▶▶▶

（1）讲述《小熊住山洞》的故事，让幼儿说说自己的感受。

师：刚刚我们认识了一只可爱的小熊，你们觉得小熊一家住在山洞里感觉怎么样呀？

幼1：难受，山洞里的空气不好。

幼2：山洞里有很多虫子。

幼3：小熊住山洞很危险，因为山洞里有很多石头，如果石头砸在小熊身上，小熊会死的。

师：是啊！住山洞是很危险的。因此，小熊一家决定到森林里去看一看，想个好办法搬家。

> **点评**
>
> 教师通过让幼儿回忆小熊一家住在山洞里有多难受，架设起故事与幼儿间的交流平台，有利于激发幼儿欣赏故事的兴趣，使教学过程真正成为幼儿、教师、教材之间对话的过程。

（2）欣赏四季美景图，鼓励幼儿用优美的词语自由讲述。

师：我们一起和小熊去森林里看一看，你们看到了什么？能用好听的话来说一说吗？（课件展示四季美图）

幼：森林里的树好多好多，都是高高的。

师：小朋友们说到了树，四幅图上的树有什么不一样呀？

（3）让幼儿欣赏课件，正确感知四季。

师：小朋友们把春、夏、秋、冬四季图一下子就找出来了，谁能用故事里的话把小熊在春、夏、秋、冬里发生的事情和大家说说？

春天，他们走进森林。树上长满了绿叶，小熊舍不得砍。（教师朗读原文，出示相关字卡）

幼1：春天，他们走进森林里，小熊舍不得砍。

师：你的小耳朵听得真仔细。在平时的生活中，小朋友们，你们有"舍不得"的时候吗？

幼2：我妈妈买了小白兔，小白兔跑了，我很舍不得。

师：你是个爱动物的好宝宝。

幼3：过年了，外婆给了我零花钱，我舍不得花。

幼4：爷爷上次去北京的时候，我很舍不得他走。

师：让我们带着"不舍"的心情看一看小熊在夏天发生了什么事情。

　　教师联系幼儿的生活经验，挖掘教材内容中的拓展点，把生活中的信息引入课堂。这里，教师鼓励幼儿打开记忆的闸门，回忆生活中"舍不得"的情形，从而与文中角色的情感产生共鸣。

　　夏天，他们走进森林。树上开满了花儿，小熊舍不得砍。（教师朗读原文，出示相关字卡）

　　幼5：夏天，他们走进森林。树上开满鲜花，小熊舍不得砍。

　　师：听了这段话，你们好像看到了什么，闻到了什么？

　　幼6：我好像看到了五颜六色的花，闻到了花香。

　　幼7：我闻到了很香的味道，口水都流出来了。

　　教师鼓励幼儿运用想象感悟语言，将故事中的语言情境化、形象化，以培养幼儿形成良好的语感，为小学学习打好基础。

　　秋天，他们走进森林。树上结满了果子，小熊舍不得砍。（教师朗读原文，出示相关字卡）

　　幼8：秋天，他们走进森林。树上结满了果子，小熊舍不得砍。

　　幼9：还有黄色的叶子。我看见地上的草也变黄了。小熊看到树上的黄叶飘飘地落下来了。

　　冬天，他们走进森林。树上有许多鸟儿，小熊舍不得砍。（教师朗读原文，出示相关字卡）

　　幼10：冬天，他们走进森林。树上有许多鸟儿，小熊舍不得砍。

　　幼11：小鸟唱着歌在跟小熊打招呼。小熊和小鸟在做游戏。他们在跳舞、堆雪人。

 点评

  教师通过创设情境让幼儿想象,调动了幼儿的积极性,使幼儿的思维变得特别活跃,想象力、口语表达能力也有所增强,从而对所接触到的情境有了更深刻的理解和发现。

  (4)教师配乐朗诵,引导幼儿感知课文描述的优美意境。

  (5)引导幼儿理解"小熊不砍树造房子,一直住在山洞里"的真正原因。

  师:那小熊为什么不砍树,一直住在山洞里呢?

  幼1:砍了树,小鸟就没有家了。

  幼2:小熊爱护环境,砍了树就破坏环境了。

  师:现在我们都知道小熊不砍树的真正原因了。小熊是多么爱护森林呀!

  小动物们都很感激小熊,小熊的心里一定很美、很甜。让我们再来欣赏一遍《小熊住山洞》的故事,一定会给你们带来更美、更甜的感受。

  (师生共同看课件,阅读故事,故事见下文"活动延伸"部分)

  (6)引导幼儿联系生活实际,说说如何保护环境。

  师:我们了解了小熊一家是多么爱护森林。那么,我们人类是怎么保护森林的呢?请大家来说一说。

  幼1:很多人要给树打药水,捉虫。

  幼2:我还看见有人在树根上涂白色的东西。

  幼3:天气热的时候,我还看见有人用雪碧瓶装了水像挂盐水一样挂在树上呢。

  师:你们说得真好!让我们和小熊一样,有一颗爱森林、爱自然的心;让我们和小熊一起,争当环保小卫士!

孩子的感情是最纯真的。教师通过引导幼儿结合自己的经验来理解小熊舍不得砍树造房的原因，以提高幼儿的品德修养和审美情趣，使幼儿逐步形成正确的价值观和积极的人生态度。

活动延伸 ▶▶▶

幼儿自选角色进行表演。

小熊住山洞

小熊一家住在山洞里。熊爸爸对小熊说："我们去砍些树，造间木头房子住。"

春天，他们走进森林。树上长满了绿叶，小熊舍不得砍。

夏天，他们走进森林。树上开满了花儿，小熊舍不得砍。

秋天，他们走进森林。树上结满了果子，小熊舍不得砍。

冬天，他们走进森林。树上有许多鸟儿，小熊舍不得砍。

一年又一年，他们没有砍树造房子，一直住在山洞里。森林里的小动物都很感激小熊一家，给他们送来了一束束美丽的鲜花。

（2）"网上教学评课"的时空拓展

对于省内外名师的优质教学课，大多数老师能够现场聆听的机会较少。怎样让园里的其他老师也能观摩到名师的课，一睹他们的教学风采呢？我园想出了一个办法，即让外出听课的老师带上摄像机，将活动摄录下来，然后把视频放到幼儿园的内部网站论坛上，以便所有的老师都能利用业余时间上去浏览。我园要求老师们围绕名师的课发帖，相互交流从名师的课中学到了什么，哪些方法在今后的工作中能够学以致用，哪些教学理念值得借鉴等。

下面是摘自我园部分老师在网上观看名师的教学视频后留下的帖子。

中班的李老师:"平实中突显睿智。通过观看这些教学录像,我深刻地感受到了这些名师的平实:没有花哨的教具,没有新奇的内容,没有所谓的'热闹'。他们的教学就是在这样的平实中散发着睿智的香气,让我领略到他们迷人的教学风采。平实不是无为,是一种至高的境界。"

大班的胡老师:"心系孩子。有些教师上课只顾完成课的流程,全然不看孩子学习的效果。对这句话我深有同感,想当初刚踏上工作岗位时,第一次在园内上公开课,我只顾按照流程上课,孩子们还没学好,我就迫不及待地进行下一个环节了。这些名师着实给我上了生动的一堂课:他们的目光始终跟随着孩子,仔细观察孩子们的学习效果,并进行适当的调整。例如,在××老师开展的大班音乐活动'小木偶的舞蹈'中,当她发现有部分孩子看不清楚她的示范时,她立即调整了自己的站位。随后,当她看到大部分孩子模仿木偶的动作不到位时,她马上停止音乐,用幽默的语言提醒孩子说:'看来小木偶的螺丝没拧紧。你们说,晃来晃去像小木偶吗?'孩子们听后马上进行了改进。名师的教学使我明白了:教学关注的应该是孩子,而不是教师的'作秀';教学应该注重教学效果,而不是教学形式。"

小班的丁老师:"感染孩子。有位名师说过:'优秀的教师是不能缺少激情的。'老师的悲伤、快乐会在无形中感染孩子。在××老师开展的小班活动'怪车轱辘辘'中,老师灿烂的笑容一下子调动了孩子们的情绪,让孩子们跟着她开心地开着车。老师难过的表情让孩子们感受到了小动物的伤心,激发了孩子们想帮助小动物把房子运回家的想法。在整个活动中,××老师表情丰富,孩子们也非常投入。"

营造活动氛围,教师的语气、体态语言不可缺少。"网上教学评课"对我的专业成长有很大的帮助,使我对自己的不足有了更深的了解,让我更清楚地知道以后的专业成长之路应该如何走。

一般听完公开课之后，教师集中交流研讨的时间很少，有时，因为参与的人多，只能有几个人发言。网上评课方式不仅使听课教师可以参与，没有听课的教师也同样能参与进来并有话可说。它极大地拓展了教师研讨的时间和空间，为教师提供了一个非常广阔的交流平台。

（3）"网络课题研讨"的思维碰撞

面对同样的问题，每个老师都有不同的想法和理解，有自己独特的做法与经验。幼儿园要想更好地开展课题研究活动，"网络课题研讨"这种集思广益的形式是非常重要的。它包括"网络话题争鸣"和"名家引领"两种活动形式。

首先，课题组要开展"网络话题争鸣"活动。"网络话题争鸣"活动，为老师们充分发表观点、交流经验提供了平台。每月初，我园网站的博客平台上都会有一个与课题相关的新话题准时发布，老师们针对该话题进行实践与反思后将自己的所思所想、所作所为在平台上发布，让大家共享。通过这个平台，老师们在反思中提炼经验，在学习他人经验中促进自身的成长。

其次，课题组要开展"名家引领"活动。课题研究需要先进、科学的理念来指导和引领。在查阅文献资料时，课题组骨干教师发现对课题研究有指导价值的理论，就在网络上发布出来，同时结合我园"十一五"课题研究中遇到的问题发帖。这些先进的理念给每位老师带来的启发和感悟各不相同，大家围绕问题进行思维的碰撞，加强了研究者之间对话的有效性，使教学的观念更具前瞻性，研究的方向更明确、研究的方法更科学。

例如，在对"弗洛伊德的人格理论对我园研究课题的借鉴"的话题进行资料查询时，骨干教师提出了这样一个问题："求乐"与"求实"怎样达到和谐？

老师们结合自己的理解和经验进行思考，并在该帖子后面跟帖：

丁老师："意大利幼儿教育家蒙台梭利指出：'建立在规则上的自由，才是真正的自由！'我认为，如果是不允许孩子们做的事，在刚开始的时候就别让他们做，那样他们就不会感到痛苦。"

戴老师："杜威在《明日之学校》一书中明确指出：'对儿童来说，自由就是提供机会，使他们能尝试他们对于周围的人和事的种种冲动及倾向，从中感到自己已充分地发现这些人和事的特点，以至他们可以避免那些有害的东西，发展那些对自己和别人有益的东西。'"

孔老师："教师首先要摆正自己的位置，把自己当成幼儿的朋友，做一名倾听者，通过倾听'童声'理解幼儿的生活，了解幼儿心中真正想要的是什么；通过倾听'童声'，与幼儿产生互动的心灵感应，走进幼儿心中，更好地帮助幼儿在互动探索中获得真正的自由。如果我们所进行的活动都是来源于孩子们的兴趣，那么，我想孩子们在这一系列活动的过程中，就会在'求乐'和'求实'之间找到平衡。"

田老师："既然孩子们的主要学习是在游戏中进行的，那么教育工作者就要善于从游戏中的问题引发规则，并形成老师和孩子们共同的约定。同时，教师还要善于以孩子们的方式表达规则，让孩子们在约定中成长。"

朱老师："孔子说过：'知之者不如好之者，好之者不如乐之者。'只有'好之''乐之'，方能有高涨的学习热情和强烈的求知欲望，方能以学为乐，欲罢不能。怎样使孩子对教学活动'好之''乐之'呢？心理学研究表明：成功的情感体验会产生强大的内驱力。"

（4）"网络发布活动"的点子分享

幼儿园教研对象不同于中小学教研对象，它不仅包含教学课，还包含幼儿一日生活的其他环节。为了帮助教师解决一日生活中遇到的各种问题，我园在自己的网站上开办了以下两个栏目。

①"点子冲浪会"。此栏目的宗旨是实实在在解决教师在教育教学实践方面遇到的问题或困惑。其做法是：教师自由发帖，告诉大家自己遇到的困惑，其他教师回帖为他出谋划策，用自己的生动案例为他解决难题，如"假如是

我，我会……处理这件事情"，回帖的教师会有奖励。"点子冲浪会"围绕问题或困惑，让教师们集思广益、群策群力，可以提高教师的发散性思维水平、拓宽教师的思维空间。该栏目受到我园一线教师的广泛欢迎。

②"亮点发布会"。此栏目提倡教师将好的经验、有创意的做法和有前瞻性、指导性的理论书籍介绍给大家，达到交流分享的目的。这些亮点包括：自己或他人在工作中的创新做法，同事的感人举动，某一精彩的教学环节设计，一个设计新颖的教具，具有前瞻性的理论书籍等。发布者利用图片和文字说明，来介绍自己的推荐意图。"亮点发布会"增强了教研工作的引领性，营造了教研的互学氛围。

现代信息技术的运用，使教师在教学中如虎添翼，大显身手；使教研活动的形式变得更加多彩，教研活动效果更加突出；也使得教师在专业成长之路上越走越远！

如果信息技术是艘船，那么园本教研就是海，我可以驾船在海中自由冲浪；如果信息技术是车，那么园本教研就是路，我可以开车在路上驰骋；如果信息技术是飞机，那么园本教研就是天空，我可以乘机在空中翱翔！"海、陆、空"三管齐下，开辟了我成长的新空间和新战线！

7. 多样化反思："有意义"的教育生活故事

美国心理学家波斯纳提出了一个公式：教师成长＝经验＋反思。如果一个教师仅仅满足于获得经验，而不对经验进行深入思考，那么他就可能永远停留在一个新手型教师的水准上。在教师专业化成长之路上，教师的自我反思起着至关重要的作用。自我反思是指教师在教育教学实践中，批判地考察自我的行为表现，从而不断提高自己专业化水平的过程。成功的教师倾向于进行主动的、创造性的反思，在反思中学会理性思考，提高学习效率。在工作中，这种教师更像探索的科学家，不再只是辛勤的耕耘者。

反思属于人的心智活动，反思能力需要教师在长期教育实践和生活经验的积累中逐渐形成。因此，教师反思能力的培养应该更多关注平时的点滴细节，在多种形式的练习中获得。前面阐述的观摩教研活动、主题式案例故事研讨都是幼儿园培养教师反思能力的重要形式。除此之外，我们还可以通过随笔、影像、故事进行反思，促进自己的专业成长。

随 笔 反 思

随笔反思，是指教师将自己在一周日常教育工作中对某个（或某些）活动（尤其是让自己感到兴奋、困惑、气愤或感动的事）的感想与检讨，以教育随笔、手记或日记的形式记录下来，并整理活动成功或失败的关键。记录下的有事实，也有自己思想和行为变化的过程，它给自己的发展过程和成长经历写了一份备忘录。记录的过程就是教师进行自我对话和自我反省的过程，反思自己教育教学中的得与失，以便让以后的每一个教育活动开展得更合理、更有教育价值，让每一个幼儿获得实实在在的发展。下面就是我对"大班科学活动：糖哪里去了"所做的随笔反思。

"大班科学活动：糖哪里去了"教学实践及反思

一、在实践前反思——未雨绸缪，三思而行

（1）反思教材：要让幼儿弄清"溶解"和"饱和"的概念。

（2）反思幼儿：生活中，幼儿有冲奶粉、冲饮料的经验，对"溶解"现象已经有初步的了解，此处是要让幼儿用自己的语言来表达这两个概念，同时让幼儿通过体验感知这两个概念。

（3）反思教法：如何设计教法，突出重点？如何讲解难点？采取哪些措施？可能会达到什么效果？如何应对可能出现的教学情况？如何提高活动效果，让幼儿学会记录？

二、在实践中反思——关注幼儿，及时调整

活动目标 ▶▶▶

（1）让幼儿在理解"溶解"的基础上，初步了解"饱和"概念。

（2）让幼儿尝试自己实验并记录过程。

（3）让幼儿在集体中学习大胆陈述自己的观点。

活动教具 ▶▶▶

茶杯、调羹、纸笔；抹布和保温桶；每张桌上不同口味的饮料粉6份。

活动过程 ▶▶▶

（1）创设情境，设计变魔术：出示一杯加入盐的白开水，请小朋友们猜猜里面是什么。接下来，请一个幼儿上来检验一下。最后，说明要求：请小朋友自己变魔术，做一份自己喜欢喝的饮料，然后用画笔把自己做饮料的过程记录下来，让别人一看就明白自己放了几勺粉，做成了一份怎样的饮料。

（2）幼儿操作，教师巡回指导。

一会儿，幼儿陆续做好了饮料和极具个性的记录卡，我发现，其他幼儿做出的都是"溶解"记录卡，只有一个幼儿做出了"饱和"记录卡，我抓住机会说："我还看到了一张很特别的记录卡，请小朋友们讲讲，它怎么特别？"幼儿发表意见："我看到很多的饮料粉都在杯子里，没有化掉。""我看到他写了两个14，我想他肯定是放了28勺。""这是我放的。"田雪很自豪地大声告诉伙伴，并解释道："我先放了14勺饮料粉，后来又放了14勺饮料粉。我发现饮料粉放多了，水就吃不下了，饮料粉就从水里跑出来了，水里就有很多化不掉的饮料粉。"我接着解释说："当饮料粉放得过多的时候，水不能'溶解'，这个现象就是"饱和。"

我期待幼儿做实验时，能自己发现"饱和"现象。也许是受我做实验的影响，大多数幼儿做饮料时出现的都是"溶解"现象。看到这种情况，我非常后悔自己没有在幼儿操作之前就提示他们："在做饮料的时候，多加些饮料粉，会有什么样的变化？"有了这样的提示，也许情况会发生变化，会有幼儿发现"饱和"现象。

三、在实践后反思——提升理念，促进发展

通过这次活动，我对以下三点有了比较深刻的认识：

（1）教学目标定在哪里。教师要把成人的教学目标变成幼儿自己探索的目标，这种转变决定着幼儿学习与发展的效果。同时，目标实施的次序应符合幼儿的兴趣和水平。这个次序不应是预先定好的、不可变动的次序，它应根据幼儿的兴趣和水平随时进行调整。

（2）活动的材料选什么。幼儿科学活动中的材料，既是引发幼儿主动探索的刺激物，又是实现他们主动构建对周围物质世界认识的中介和桥梁；对

教师来说，材料也是教学目标和内容的物化。所以，材料的选择要能引起幼儿的兴趣，教师应给幼儿提供可选择的充足材料，呈现方式应能有效地促进材料与幼儿的相互作用。

（3）在活动中，教师要能有效地提问和处理幼儿的回答。教师的提问要能引起和促进幼儿的探究兴趣，要能引发幼儿思考问题；教师要注意倾听，创设安全、宽松的探究氛围，认可幼儿的想法，使每个幼儿都受到鼓励；对幼儿回答的处理应具有激励性和引导性，要允许幼儿出错，通过分析错误背后的原因，给幼儿具体的反馈，促进幼儿认识的主动构建。

影像反思

近年来，随着现代教育技术的广泛运用与网络社会化，许多年轻的幼儿教师成为多媒体与网络的爱好者，影像反思与博客反思的形式逐渐增加。影像记录有它自身特殊的优势，它借助影像回放的平台，能帮助教师清楚地看到教育实践中幼儿的学习、自己以及同伴的行为，认识自己的实际活动状况与结果，反省自己的行为产生的影响与作用。

如果教师个体只是想了解自己在某一个教育教学活动中的表现，那么可以在自己进行活动的时候，请同班其他教师用摄像机拍摄下来，等活动结束后，回顾录像，进行反思。

如果想通过影像资料进行集体反思，应该如何操作呢？这不，中班教研组的老师们运用生动形象的视频材料与制作精美的幻灯片与全体教师进行了集体反思活动。

这学期，中班教研组的教研主题是"如何观察幼儿"。从教师每周一篇的"观察记录"中，他们发现，有相当一部分教师存在这样的问题：对幼儿的观察浮于表面，对观察到的幼儿行为缺乏合理的分析，导致他们做出错误的判断或采取不恰当的措施。针对这种情况，中班教研组开展了"区域游戏活动中师幼互动行为"的话题研讨活动。

第一步：利用影像设备获取原始素材并加以整理与归类。

主持人和教研组组长分别利用摄像机和数码相机，采用影像留存的方式对园内部分班级区域游戏活动中幼儿与教师的互动行为进行了记录。通过对资料的汇集与整理，他们把孩子们在游戏中遇到困难时的表现进行了分类，如采取语言求助的方式、用眼神求助、自己解决、放弃活动等。同时，他们也把捕捉到的教师对幼儿的指导行为做了归纳，如支持（语言、动作、表情肯定等）、拒绝、忽视等，并从教师情感与教育技能两方面来解释教师的行为。

第二步：借助观看幻灯片"孩子，你需要我的帮助吗"，引导教师反思自己或者他人的教育行为。

主持人：请大家来观看一组幻灯片，这里面的所有照片和录像片段都是我们在咱们园的某些班级随意拍到的。老师们看一看，在这些活动中，孩子们遇到了哪些问题或困难？他们是否求助了，是如何求助的？老师观察到孩子的困难了吗？老师的指导产生作用了吗？你认为，还有哪些方式能够更好地帮助这些老师来指导孩子？

幻灯片1：标题——孩子，你需要我的帮助吗？

幻灯片2：我发现孩子的求助了吗？

　　　　　　孩子寻求帮助的方式：语言、动作、表情、行为。

　　　　　　老师的反应：忽略、拒绝、冷漠、帮助。

幻灯片3：我的帮助到位吗？

　　　　　　老师帮助的时间：即时、延缓。

　　　　　　老师帮助的方式：直接帮助——语言提示、动手帮助；

　　　　　　　　　　　　　　间接帮助——暗示、材料支持。

幻灯片4：发现的问题——如何根据不同孩子的发展需要予以适当帮助？

（在播放幻灯的过程中，主持人对照片记录的场景进行了适当的解释。老师们一边观看一边听，同时也在悄悄地议论："哎呀，我们班也有这样的情况……")

第三步：个体反思＋团队互助，两条腿走路，促进教师专业成长。

首先，主持人把全体教师随机分成三组，每组保证有一位幻灯片中涉及的教师，各组重点讨论该班级幼儿和教师在片中的互动行为。

其次，先由当事人结合照片和录像资料介绍本班幼儿的情况，并对自己的行为进行反思，然后由组内其他成员发言，提出自己的看法和建议，再由一位代表汇总本组的意见。

最后，大组分享交流。主持人把发言要点输入电脑。

（展示幻灯片5：让我的帮助成为有效帮助）

- 策略：学会诊断。
- 诊断的前提：观察记录——把脉。
- 诊断的过程：分析评价——诊断（理论与经验的融合）。
- 诊断的结果：提供策略——开处方。

在讨论与陈述个人观点时，老师们本着就事论事的态度对出现的问题和原因进行了分析，精彩之处往往会得到组内其他成员的热烈鼓掌。其中，不同的观点也进行了碰撞，如对不同年龄段和不同个性幼儿的直接帮助与间接帮助的平衡度如何把握等，老师们在一定程度上达成了共识。多数老师认为，对于刚入园的小班幼儿，教师应该给予更多的直接帮助，如语言指导或者手把手传授等，这样有利于幼儿对游戏产生兴趣并坚持活动；对于理解能力较强和学习经验较为丰富的大班幼儿，当他们遇到困难时，教师可以更多地采用材料支持、言语点拨等方式，最大限度地调动他们主动学习、积极探究的兴趣，让他们在挑战自我的同时得到发展。

第四步：结束语。

主持人：观察幼儿、了解幼儿是每一位教师的职责，学会观察幼儿，用心去理解幼儿，是我们职业生涯中每时每刻都要努力去做的事情。这个过程或许很漫长，我们也许会感到迷惑甚至是痛苦，但是只要我们拥有一颗爱孩子的心，我们就一定能够披荆斩棘，在踏遍千山万水、在经历重重磨难之后，收获喜悦与幸福。让我们共同努力吧！

这样的研讨活动虽然不能说完全解决了问题，但至少已经让教师们学会了用批判的眼光来重新审视自己的教育行为，并为解决问题打开了思路。

故 事 反 思

故事反思，是指教师通过讲故事或者表演故事的形式，把自己遇到的问题和事件展现出来，或者是幼儿园选择有代表性的、集中性的问题，用表演故事的形式再现情景，在轻松愉快的氛围中进行集体反思与专业对话。前面描述的主题式案例研讨活动中的"案例故事研讨"就是这种反思活动，在这里不再举例说明。

在反思活动开展得如火如荼的时候，园长请来了南京师范大学的学前教育专家做了关于反思的专题讲座。专家介绍了美国学者提出的三种反思类型：描述性反思、分析性反思和批判性反思。我发现，自己的反思之路似乎经历了与描述性反思、分析性反思和批判性反思十分吻合的阶段。

描述性反思，是指对与实践有关的理论或者情感的描述，在呈现教育情景的同时，梳理事件发生的重要细节，抽取事件的重要特征，找寻问题产生的线索以及探究问题解决的措施。描述性反思一般用于寻找和确定反思问题。幼儿园教育教学活动是一种综合性的活动，它决定了教育问题的复杂性、模糊性和不确定性。有时我们难以在问题情景中找出一个清晰的问题，有时我们在一系列问题中无法找出核心的问题，而问题的确定对于我们的实践反思起着至关重要的作用。否则，自我反思就会成为对实践活动的过程复述，集体反思也会只是对无关紧要问题的一番谈论，讨论看似热热闹闹却没有解决任何实质问题，对教师的反思水平和能力也没有任何提高。我觉得，教师在入职后的前三年，每次的观摩学习都是在进行这种反思练习，即带着自己的观摩体会，讲清楚经历的事件，并且准确地发现问题。这种反思练习让我收获特别大。

曾经有一个阶段，我苦恼于自己的反思水平停滞不前。这时，是幼儿园的学科组形成的共同体活动帮助我迈出了关键的一步。我们经常在观摩课后进行集体反思，业务园长、配班老师以及学科组的每一位老师都有发言权。反思的时候，我们需要遵循一个原则——不得重复他人的观点。由于学科组里的每位老师文化背景、经验、思维方式都不同，同一教育情景自然会产生多个审视角度。这时候，我们就是在运用分析性反思分析问题。分析性反思，是指从多个不同的视角对教育实践进行反思，通过不同的路径和角度提出问题，质疑教育活动实施者（也许是自己）的教育理念与行为取向。教育实践中的问题往往无法因应用某种理论和规则就能简单而直接地解决，因此，从不同的角度审视问题必然会帮助我们每一个人获得新的观察与理解，扩展我们的视野。即使是年轻老师的一个疑问，也可能引发大家的某种思考，而富有经验的老师的反思通常起着点拨与引导的作用。总之，分析性反思使共同体里的每个人都在互动中获得提升。

批判性反思是使我获得新的理解，转变我的教育观念以及使我自觉改善教育行为的思考层次。这种反思形式需要我们在思考中做出新的决策，在教育情景中找出活动新的价值与意义，进而重构问题，继续深入探究教育情景，走向教师行动。随着自己的专业成长，我越来越习惯于运用批判性反思判断自己的教育过程，将自己的发现整合到对问题的新的理解之中，并且将富有新意的问题放回到实践情景中，产生新的活动方案。通过运用这种反思形式，我的教育教学行为有了明显的改善，教育教学活动效果也得到显著提高。我想，这种反思形式应该作为教师反思的最终目标。

学习和掌握反思的基本技术与方法是反思活动的第一步，自觉反省自身的教育实践、梳理实践过程、分析缘由、寻求有效教育策略、提高认识、改善教育行为等综合性反思能力，与教师整体专业水平以及自身综合素质有着直接的关系，与幼儿园的管理理念、管理能力和水平，与幼儿园的组织文化、环境氛围有着极大的关联。幼儿园要在园本教研中持续不断地培养教师善于发现问题、善于合作沟通、愿意内省和悦纳他人意见的态度与能力。

苏格拉底说："没有反思的生活，是不值得过的生活。"正是通过反思，我们才让我们的教学生活有些价值，有"值得过"的意义。不时回首自己走过的专业发展道路，肯定有助于我们对新的旅程的思考。在我们的专业成长之路上，我们要把反思变成一种自觉的行为。

秋天里，我和同伴们孕育了珍珠，虽然这些珍珠还没有经过雕琢，但我们感觉弥足珍贵，因为这是我们日积月累的东西，是沉淀、厚实的岁月的礼物，也是汗水的结晶。如同只有在秋霜之后才有枫叶的火红，我的专业成长也只有经过岁月的磨炼之后才会有如今的丰富积累。

踏雪无痕
——回首幼儿教师专业成长之旅

我喜欢在冬季的夜晚，沿着幼儿园围墙静静地走上一圈。女儿上了幼儿园后，共同散步成了我们的必修课。冬夜里的幼儿园，覆盖着一层薄薄的雪花，被星光包围，那郁郁葱葱的香樟被霓虹灯裹着，满树通透，在雪花映衬下闪着蓝光，像星星的眼睛。好安静的夜！好安静的幼儿园！回望雪地上的一大一小两行脚印，如同我们教师与孩子们共同长大的足迹，等再回首时，痕迹却又似乎渐渐地隐去了。

一阵风吹过，幼儿园里传来清脆的歌声：新年好啊，新年好啊，祝贺大家新年好。我们唱歌，我们跳舞，祝贺大家新年好……"妈妈，是月亮在唱歌吧？"我忍不住笑了，多么富有创意的想象啊！"妈妈，我们一起去看看吧！""好啊……"不忍拂去女儿明亮双眸里的热情和渴望，我们一起走进了幼儿园。园内的香樟树上，挂满了孩子和家长的新年祝福贺卡，那美妙的歌声就来自贺卡。又是一年春秋过，弹指一挥间啊！我抬头望去：昔日的苗，历经了春、夏、秋的季节轮回后，已长成青葱的小树，朝气蓬勃。这些郁郁葱葱的香樟，目睹了我付出的辛劳，见证了孩子们成长的快乐和我的成长历程！

1. 职业生涯规划：教师专业成长的路标

幼儿园就如一个舞台，不同的人站在不同的角度，扮演着不同的角色。从进园那天开始，我就根据自己的特点制订了切实可行的三年专业发展规划：与同事友好相处，积极参加幼儿园举办的各项活动；爱每一个孩子，走近孩子，成为孩子的朋友；熟悉教材，丰富教学经验，提升教学质量。三年过去了，当我回头看时，我觉得自己能积极参加幼儿园举办的各项活动；以爱心、耐心、责任心对待每一个孩子，关注他们的成长；珍惜每一次外出学习的机会，将习得的经验运用于平时的教育教学工作中，积极思考，不断创新。三年专业发展目标完成之后，我又对自己随后的五年做了规划：认真做好家长工作，寻求家长的理解和配合；认真钻研教材，争取在教育教学方面取得突破；积极参加教科研活动，多总结反思，多写论文。有了这样的目标，加之幼儿园其他老师不断给予我的督促与指导，才有了我今天的发展与进步。我的努力得到了回报，从中我也收获了快乐。

职业生涯规划目标的实现过程是一个持续的、长期的积累过程，也是一个非常磨炼人的意志的过程。任何教师的专业发展与成长，都会经历一个从量变到质变的过程，存在着成长的阶段性。从入职到专业成熟，我从一开始对教师角色意识淡薄，对教育教学工作不熟悉、缺乏经验，到具有较强的事业心、进取心，教育教学基本功较熟练并积累了一定的经验，能系统地思考教学过程并不断地总结经验，善于了解学生的差异并充分发挥每个人的特长和优势，这并非一朝一夕的事情，其间我经历了职业的生存、适应、发展和成熟四个阶段。

①生存阶段。还记得第一次走上讲台，面对一群孩子和家长，我紧张得满脸通红，说话结巴，在黑板上写字时胳膊还直打哆嗦；第一次一个人外出

学习时，孤独、无助和胆小，我差一点哭了。在这个阶段，我非常关注自己在新环境中的生存适应能力，我担心孩子不会接受自己、同事不会欣赏自己、领导不会认同自己。由于对自己生存能力的忧虑，我把大量的时间花在如何与孩子搞好关系、有效管理课堂方面，而不是如何教他们。

②适应阶段。在这个阶段，我很少会在课堂上因为紧张而脸红心跳了，面对孩子的时候，我甚至可以滔滔不绝地讲半个小时；也不再会因独自外出参观学习而感到害怕了，我反而会因为学到许多新的理念而欢呼雀跃。此时，教学、带孩子外出参加比赛、排练节目等都成了我生活中的常事。

我已经在幼儿园站稳脚跟，在孩子们心目中树立起威信，我开始关注孩子的学习和成长问题。我关心的是如何教好每一节课、课堂时间是否充足、备课材料是否充分，以及如何利用有效的教学方式吸引孩子的兴趣、注意力等。

③发展阶段。当我顺利地度过前两个阶段以后，教学就变得比较得心应手了，即使在课堂上出现一些不曾预料到的事件，我也能够很好地处理了。此时，我已经学会真正地"因材施教"。我开始关注不同孩子的个别差异，认识到不同发展水平的孩子在社会交往和情感方面的不同需求，认识到某些材料、某种教学方法可能只适合一部分孩子，其他孩子则需要另外的教学方法和教学材料。我根据孩子的不同需要进行调整，实施个性化的教学。

我非常荣幸，在这个阶段，园长让我担任混龄班的教学工作，为我的进一步成长搭建了桥梁。从担任混龄班的老师以来，我多次参加有关主题教学的学习活动，向上海等地的名园、名师们学习，然后再开展我们的园本特色主题活动，效果很好。

④成熟阶段。在这个阶段，我摸索出了自己的教学特色，形成了自己的教学风格；学会了更科学合理地安排工作与生活以及为人处世；更关注教学细节，注重对自身师德素质以及个人修养的培养。此外，在科研工作中，我收获了许多新颖的教育理念，写了多篇论文，成为了科研能手。

此时的我，在工作中遇到难题的时候，不会再手足无措，反而能随机应变，想出很多的妙招。下面我来说说"午睡支招"的事吧。

到午睡的时间了，小班的孩子们躺在床上就是不肯好好睡觉：不是窃窃私语，就是将枕头从这边扔到那边……如何让孩子们养成良好的午睡习惯呢？我结合小班孩子的年龄特点，想出了一些切实可行的招数。

招数一：午睡前的吻

当孩子们全部躺下后，我发话了："老师要看看哪位小朋友睡姿最好，不讲话，老师就来亲亲他。"

孩子们为了得到老师的吻，便躺在被子里一动不动，小眼睛闭得紧紧的。这时候，我便趁着检查每个孩子是否盖好被子的机会，吻他一下，还故意吻得很响。其他孩子听到了，非常羡慕，为了让老师也吻自己，他们眼睛闭得更紧了，也不再和其他小朋友说话了。就这样，午睡的前奏曲完成了。

午睡前的吻不仅有助于让孩子养成安静入睡的习惯，也帮助我仔细地检查了他们脱衣服和盖被子的情况，真是一举两得。

招数二：给孩子设置一个限制

孩子们认识了时间以后，午睡前，我取过时钟模仿老爷爷的声音对大家说："小朋友们，你们好。我是时钟老爷爷，现在给每个小朋友5分钟的时间脱衣服和讲话。看，当我的分针从8走到9的时候，5分钟的时间就结束了，你们到时必须把话全部讲完，把衣服脱好并整理好。时钟老爷爷我呀，想看看小朋友们能不能做到。"孩子们听完，虽然还在讲话和玩耍，但每个人的动作都加快了。他们一边脱衣服，一边不停地抬头注视着钟面的分针。5分钟一到，所有的孩子都安静地躺到了被窝里。

呵，给孩子设置一个限制，允许他们在一定的范围内尽情"释放"自己，时间一到，他们就必须听从指挥，效果不错！

招数三：把孩子编进故事

午睡前，张旭小朋友精神格外亢奋，在寝室里不停地兜圈子，一会儿推这个小朋友一下，一会儿又撞那个小朋友一下，孩子们的告状声此起彼伏。

我看着张旭，没有发火，而是很平静地对大家说："下面，老师要给小朋友们讲一个真实的故事。"孩子们一听要讲故事了，顿时来了精神，眼睛都盯着我，不再讲话了。

我开始讲了："有一个小朋友，他非常聪明可爱，老师非常喜欢他。可是，这一天，他在寝室里睡觉的时候……"我把张旭的种种"罪状"全部编进了故事。故事讲完了，小朋友们都知道我讲的是谁，大家看着张旭嘿嘿地笑起来，张旭也不好意思地低下了头。之后，他就很少在睡前捣乱了。

将孩子的言行编进故事，既教育了全体孩子，又保护了个别孩子的自尊心。

招数四：和孩子说悄悄话

朱欣仪小朋友刚躺下一会儿，就在床上躺不住了，以小便为由下了床，在寝室里慢慢地走来走去，就是不肯睡觉。为了避免影响其他孩子，我把朱欣仪拉过来，附在她耳边轻轻地说："欣仪，赶紧上床去睡觉。好好睡觉的宝宝老师才喜欢。"那些没有睡着的孩子抬起头来，奇怪地看着我神秘地在朱欣仪的耳边说话。一个胆子大的孩子忽然高声问："老师，你和朱欣仪说什么了？"我灵机一动："我在和她讲悄悄话！"我故意朝朱欣仪眨眨眼睛说："朱欣仪，好不好听呀？"朱欣仪使劲点了点头。随后我对全班孩子说："哪个小朋友乖乖地睡午觉了，醒了之后，我也跟他讲悄悄话。"

这种方式既满足了朱欣仪的虚荣心，使她自觉地走到床前睡觉，又使其他孩子为了得到和老师说话的机会而好好睡觉。看来，悄悄话的威力还真不小！

此时的我，不但能随机应变地灵活处理问题，思维也更具创新性。这一点在教学资源的挖掘、利用方面表现得最为充分。

<h2 style="text-align:center">捡起美丽</h2>

片段一

植树节那天，幼儿园里一些没有成活的树被连根拔起，于是，地上多了许多树枝，还有从枯树干上解下的串串草绳。这些"垃圾"并没有被扔掉，而是当天就被我重新利用，成为幼儿园一道道独特的风景：我把树的枯枝插在漂亮的大花盆中，绕上翠绿的"树叶"，挂上鲜艳的"花朵"，做成漂亮的盆栽，放在幼儿园的走廊；而那些草绳，我给它们涂上颜色，然后根据它们柔韧易变的特性绕成了池塘中的荷花、莲蓬等。

片段二

一天，幼儿园请来一批师傅，三下两下清理了教室窗户上黑色的边线，眼疾手快的我赶忙将这些边线当宝贝似的收藏起来。现在这些边线成了教室墙上的黑色"简笔画"，这些"简笔画"要比水笔画出来的立体生动许多。

片段三

孩子们最钟爱的动画流行风一阵又一阵，家里的碟片买了一茬又一茬。在我的提醒下，那一张张早已老掉牙的碟片被孩子们带到了幼儿园。我和孩子们一起把它们拼成各种形状，粘贴在幼儿园的走道上、教室的墙壁上，它们银光闪闪，熠熠生辉。

片段四

水稻成熟的季节，我走到田间，把农民们废弃不要的稻草，捡一些带到幼儿园。这些稻草成了幼儿手工课的材料，在我的编织示范下，孩子们用它们编织出一个个栩栩如生的小动物，一幅幅美丽的田园风光画。

这些在其他人眼里的"废品",经过我的慧心巧手,一样样都成了宝贵的教学资源,不光具有一定的欣赏价值,更是小朋友展示成长足迹的平台。我们可以想象,当小朋友看到这些生活中很常见的"垃圾"在老师的手里发生了这么神奇的变化后,他们也会受到启发,也会尝试去创造性地使用,无形中使自己的创造性思维得到开发,这是让我感到最欣慰的事情。

当老师们俯下身子去捡这些"垃圾"时,同时俯下的还有那份幼儿教师特有的灵气与智慧;当老师们捡回这些"垃圾"时,同时捡回的是又一轮独特个性的美。

教学资源随处可见,只要有心!

2. 走出幼儿园，欣赏园外的风景

徘徊，徘徊，
徘徊在静坐与起立之间，
寻找力的支点，
渴望榜样的出现。
……

这是我在参加工作不久后为自己随手涂鸦的一幅漫画配的一首小诗，现在看来，它虽然青涩，但准确地反映了我当时的困惑与彷徨——理论与实践时而相得益彰，时而相互冲突，让我难以在二者之间寻求一种平衡。此外，还有个人发展与定位的问题，模仿与创新的问题。庆幸的是，我有了一次次走出幼儿园，参加一些专业培训和其他园的教研活动，甚至远赴意大利参观瑞吉欧儿童中心的机会，这些活动让我的认识变得逐渐清晰。回望那一串串的成长足迹，现在的我仍然感慨万千。

（1）参加"民间艺术课题开题现场会"

在扬州汶河幼儿园参加了不到一天的民间艺术课题开题活动后，我为自己曾经对民间艺术的误解和冷漠感到了些许的歉意，我对自己以前对幼儿民间艺术教育的质疑有了新的看法。

在别的地方，民间艺术教育让我产生距离感，在这里，我却觉得亲切而自然；从前，我担心将民间艺术开发成课程会割裂幼儿本来的生活，但是在扬州汶河，民间艺术资源丰富到本身就是幼儿生活的一部分，不用刻意地去"挖掘"。我有什么理由不接受它呢？

上学时,"幼儿园课程"是可以用很多语言来解释的概念,对我来说,没感受;进入幼儿园工作后,课程变成了每天开展的一个个活动,对我来说,没深度;后来,当我见到园本课程建构运动"风起云涌"时,我对课程渐渐有了一个明确的看法——课程及课程的建构应该是自然和谐的,不管是不是跟风,只要能做到天时、地利、人和,课程的建构就是合理的。在汶河,民间艺术是幼儿生活的一部分。汶河的老师们浸润在民间文化的浓郁氛围中,他们对幼儿民间艺术教育虽不是非常精通,却是欣然接受。所以,民间艺术教育课程在汶河幼儿园生根发芽是那么自然,我对此不仅认可,而且感到非常欣喜。

当回顾自己对幼儿民间艺术教育课程看法的转变时,我惊讶地发现了一个词——冷漠。如果说在汶河的亲身经历打动了我,由此改变了我原有的看法,那么之前呢?之前的"误解"除了部分是因为民间艺术教育确实有不尽如人意的现象存在之外,是不是因为自己的"冷漠"造成的呢?确实是的!

我曾经提醒自己,作为一个研究型教师应该做到"出乎其外",能够从繁杂的教育事件中跳出来,从教师琐碎的工作中跳出来,更加理性地看待教育问题。"出乎其外"的状态有时是一种保护,它可以使我们更加客观地看待某一事物,可如果长时间和某些事情保持距离,人就会在不知不觉中变得冷漠,变得对新知识和周围环境的变化不敏感。距离产生美感,但是距离也会造成隔阂。处在这种状态中的我,不管是作为教师还是教研员,都很容易走入偏激和决绝。我想,这就是我以前轻易地"误解"了幼儿民间艺术教育,又没有主动去"认真发现它"的原因。没有实践就没有发言权,理性的认识必须在感性理解的基础上产生。必要的时候,我们要走到实践中去。

在专业成长的过程中,感性时的我常常会诧异于自己的非理性,而理性中的我又渴望呼唤自己内心的感性。或许,要在很长一段时间内体验着"打碎一个自己,再重建一个自己"的过程吧。无论怎样,我都将勇敢地前行。

几度风雨几度春秋,幼儿园逐渐发展壮大,我也成为了市学科带头人,有了更多的汲取来自园外专业养料的机会。

(2) 参加"幼儿园音乐教学国际研讨"

在南京参加高等学校"幼儿园音乐教学国际研讨"活动，我有着另一番的收获，感悟甚多。

活动一开始，主持人许教授引用了一句古语"人生如水"作为开场白。在那样一个场合，我对这四个字的含义有了更深刻的理解：在人一生的漫长过程中，我们应该像水一般，在适应环境的同时，保持一个本色的自我。你看水，无论是被"装入瓶罐、注入小溪，还是汇入大海"，无论是"液态的水、气态的水蒸气、还是固态的冰"，最终，它依旧是水，永远保持自己的独特个性。从学校到幼儿园，从自己所在的幼儿园到其他的幼儿园，无论环境怎样变化，我要做的是适应环境、完善自我，而不是人云亦云、否定自己。

研讨过程中，我接触了三位"狂人"：某资深教授——一位来自日本的50岁女士，她在工作中坚持实践调查、理论研究、互动教学三管齐下；某培训主管——南京师范大学音乐系毕业，从事三年音乐教学工作后跳槽，加入奥尔夫教学机构，后成立培训公司；某操作教师——幼儿师范学校毕业，先后从事过幼儿教师、公司职员、人事主管、培训讲师等工作，现担任奥尔夫教育事业部特聘讲师和亲子教学的老师。他们三个人有能力、有胆气，敢想、敢做、肯做；他们有深厚的理论功底，也有灵活的实践操作能力。他们"狂妄"，因为他们敢于跳出固有的框架，寻找自己感兴趣的、适合自己的事情干，一旦认准目标，便锲而不舍……从他们身上我看到，做一个有胆魄、有追求、会自我定位的人，对于自己的职业生涯发展是多么重要！

研讨最后，我观摩了奥尔夫音乐教学活动，更深切地感受到什么叫整合。整合是个人综合素质的自然流露，是围绕一个教学主题的多种内容的伸展和扩散，是多种教学形式和方法在不同内容下的灵活、综合运用。它要求执教者对主题内容有高度的敏感性，对所接触的信息能触类旁通地加以运用，形成宽广、深厚的教学底气。

一次研讨活动，让我觉得自己的渺小，真是天外有天，人上有人！也让我更正确地认识自己，定位自己！

（3）参加"园长高级研修班"

还未等我从"幼儿园音乐教学国际研讨"的感慨中走出来，园长请我代她参加上海的"园长高级研修班"活动。与以前参加过的培训相比，此次培训容量大、强度高，每天从早上 7:30 一直到晚上 6:00，除了吃饭、如厕，就是学习。新的理念如同潮水般涌向我，让我一点喘息的时间都没有，我如饥似渴地吸收着这些新鲜的信息。

①选择、定位与创新。选择是一个人根据自己的意愿、兴趣，结合自己的实际而进行的有目的的"确定"。既然选择了，我们就要与自己的选择一路同行。定位则是选择以后的目标，也就是选择的最终结果是什么。其实，选择和定位不仅是个人成长的内驱力，也是集体发展的前提和基础。因此，我们说，个人的成长需要选择和定位，幼儿园的特色、品牌需要选择和定位，幼儿园的园本课程与培训同样需要选择和定位。

创新是更好地达成"选择和定位目标"的捷径。我想，很多老师都有这样的经历：每次外出学习参观时，我们都有豁然开朗的感觉："唉，为什么我没有想到呢？"回来之后就会依葫芦画瓢，实际运用一下，可效果往往不怎么好。这种情况令人不解。在此次活动中，我听了上海东方幼儿园园长的汇报，才恍然大悟。她说："到其他园参观时，幼儿教师最拿手的就是拿着照相机不停地拍，拿着笔不停地记，却很少有人去反思一下：人家为什么要这样做？"的确，每个幼儿园的情况都是不同的，如果我们只"知其然"，那么直接拿来对方的方法是不会奏效的。我们还要"知其所以然"，在模仿的基础上进行创新，这样我们的实践才能达到预期的成效。

②敏感、实践与深入。在此次培训中，听了上海中国福利会托儿所所长的报告《基于问题的园本教研》后，我深受启发——教师也好，管理者也罢，最重要的是要对教育现象有一定的敏感度，即学会从习以为常的实践中发现问题。发现了问题，便要到实践中寻找造成问题的原因以及解决的思路，这便是研究问题、解决问题的过程。反思我们的园本教研，我们在实践层面发现、研究具体问题的能力似乎薄弱了许多。要解决这个问题，我们需要深入

实践，抓细节，通过细节培养敏感性和反思能力。

综观此次培训中观摩过的几个活动，刚开始，我感觉它们没有多少标新立异的东西，如"家常便饭"。但回过头来细细咀嚼其中的细小环节设计，我能够明显地感觉到，授课的教师是用心推敲过的，贴近孩子的生活，比如，活动涉及的微波炉、爆米花、警车、洒水车、身体器官等，都是孩子们生活中的一部分。这样的课堂是体现真实生活的课堂，真正能引起孩子的兴趣和满足他们的心理需要。反思我自己组织的活动，更多的是将视角立足于浮华的"新颖"，却很少注意从孩子的终生发展来看他们获得了什么。因此，在组织教学活动的时候，我们需要精心设计下的"返璞归真"。

③精心准备与幼儿发展。在此次培训活动中，我还有幸观摩了上海中国福利会幼儿园上的一节体育活动课，充分感受到了教师的放手、教师与幼儿的默契，真正感受到教师就是环境（包括材料、问题情境和活动氛围）的创设者与提供者。在整个活动中，教师的组织语言或者过渡语言很少，只是不断地提高材料的操作难度，并及时调整安全防护的措施，让孩子在向更高难度活动挑战的过程中体验惊险、刺激和快乐。孩子们活动时很自由，也很有序，并没有出现我之前担心的情况：孩子乱怎么办？孩子会不会出现安全问题？当然，这种大胆放手的活动是建立在师幼长期磨合、配合默契的基础上的，是建立在教师精心准备、考虑周全的基础之的。这使我联想到，我们的区域活动需要的也是这样的境界。

短短一个月的培训，上海的幼儿教师给我留下了美好印象。他们的敬业、勤勉、创新的思维和与时俱进的思想让我敬佩，更为我在远方点燃了一盏明灯，引领我前行。

（4）走进"瑞吉欧儿童中心"

最让我感到震撼并难以忘却的是，成为学科带头人后，一次非常偶然的机会，我去了意大利的瑞吉欧——这个被世界幼教界视为殿堂的儿童中心，感受到了儿童的一百种语言与教师的发展。

深秋的季节，踏着铺满黄、红、绿色落叶的草坪，我们走进了瑞吉欧儿童中心。热情的工作人员微笑着双手递过一份"麦穗"欢迎卡，封面用中文等10种文字写着"欢迎"，内页是蓝天白云下田野里一片摇曳着的麦穗，夹页上印着孩子关于"和平"的话语："和平，是改变你的心灵；战争，是好人和坏人混合在一起的物体。和平，是每个人心里的感受，也可以通过我们的语言表达出来。比如，说'请……和平'，就是你必须使用的最美丽的词，而且是永远都不要忘记的词。"麦穗和孩子的话体现了瑞吉欧儿童中心充分尊重儿童的想法与表达的理念，给人以强烈的亲切、平实、深邃、和谐之感。

小麦，是瑞吉欧所在地区传统的农业产品，儿童中心将麦穗赠予我们预示着共同发展的美好未来。凝视成熟的麦粒，我仿佛感到迎面吹来麦穗的芳香，仿佛看到田野里的无垠金黄。它向我们展现着瑞吉欧·艾米利亚——意大利北部地区城市——的美丽整洁、安静有序、热情友好，展现着她独特的幼教经验和历史文化背景。

在瑞吉欧·艾米利亚市，幼儿教育是纳入政府教育计划的，幼儿园与政府的长期横向合作和市民对幼儿教育的支持，形成了一种倾听儿童、尊重儿童的城市精神，它不仅存在于学校，还存在于社区、公园和剧院。这里的人们坚信，通过教育可以改变生活状况，把梦想变为现实。

这样的城市精神，为教育提供了良好的经济支撑和源源不断的教育资源，著名的"儿童的一百种语言"教育展览便是一批建筑师、设计师、儿童家长、教师与政府机构合作的产物。教育已经为整个城市的文化所分享，这座城市为早期教育提供了富有营养的历史、文化与社会土壤：儿童中心的展览对全社会开放；孩子们的艺术作品被高高地悬挂在市政大厅的围栏上面；城市义务志愿者（"麦穗"欢迎卡正是出自他们之手），会组织丰富多彩的教育活动，使教育与市民生活和社会进行广泛的接触与交流，各国来访的教育工作者，也是首先由他们带领着参观市区，领略小镇的风土人情。全民参与、共同参与早期教育已经成为这座城市亮丽的风景线。

我们轻柔地触摸麦穗，它结实而又厚重。从麦穗的饱满中，我们可以掂量出劳动的艰辛与崇高，掂量出丰收的甘美与凝重。这正如人们感受到的：在早期教育的领域里，瑞吉欧儿童中心为营造至高无上的幼教境界所做出的努力与贡献。

瑞吉欧儿童中心成立于1980年。罗里斯·马拉古兹（Loris Malaguzzi，1902—1994）先生是瑞吉欧教育模式的创始人、领导者。在他的带领和影响下，这个经典的早期儿童教育研究机构在几十年的时间里，形成了自己独特的教育之路。他们以复杂精细的哲学理念、上下通力合作的精神、理论与实践紧密结合的态度，将教育观念和行为完美地统合在一起，成功地解决了幼儿与教师、游戏与学习、艺术与科学、个人与集体、机构与社会等对立而又统一的关系问题，并形成了自己鲜明的工作特点：共同协调组织工作，重视教育环境，设立艺术工作室，家庭、社会参与学校管理，学校和地方共同合作，建立教育指导协调小组。他们的努力付出收获了令人惊叹的成就：1984年，"儿童的一百种语言"展览风靡全球，被欧美各国争相邀请做巡回展出；1991年，瑞吉欧儿童中心被一贯以保守态度著称的美国杂志《新闻周刊》评选为"世界十大杰出学校"。

瑞吉欧儿童中心的图标是由长短不同的彩色色块形成的漩涡状的立体图形，它象征着开放、流动、汇聚，也体现出该机构的核心精神：学术研究的充分自由与民主，实践工作的永恒发展与创新，团队合作的积极回应与共同发展。作为一个国际幼儿教育研究平台，儿童中心每年都会定期举办全球化的国际学习班、研讨会和各种交流活动，接纳来自各国的教育理论与实践专业人员，探讨、研究共同关注的教育问题，分享经验，促进共同发展。1994—2005年，儿童中心接待了来自世界各地90个国家、130个学习研究代表团的16200名专业人员。

金黄、饱满的麦穗，让人们联想到泥土与田野，联想到它们的质朴和宽广，而这正体现了瑞吉欧幼教专业人员朴素而独到的教育理念。

麦穗，是一种积累与汇聚，一颗颗饱满的麦粒组成了沉甸甸的麦穗。正如瑞吉欧儿童中心告诉我们的：只有严密的教学组织机构才能形成取之不竭的课程资源库，它是课程活动建构的必要的、有力的因素。

瑞吉欧的教师相当重视同伴之间的交流，每周36个小时的工作时间里，有6小时的法定时间用于教师之间的交流、讨论以及与家长的沟通。他们习惯于教师团体的互动和相互依赖，比如，共同协商解决教学实践中出现的问题，探讨幼儿的兴趣表现，观看彼此的个人文档记录，争论各种教育问题等。教师之间通过对话，使个人的思想在团体的彼此交流、相互碰撞、共同激荡中得到完善。

组织是瑞吉欧课程活动建构的必要的、有力的因素。具备丰富教育经验的教研人员是该组织体系中的核心人员，他们集教育家、教研人员、园长等多种角色为一体。他们定期前往各托幼机构指导教师进行观察、记录，及时汲取各类信息，总结瑞吉欧地区的幼儿教育经验，将日常观察记录所得的资料加以总结、整理、开发，产生出源源不断、充满活力的主题方案和具有弹性的教学计划。

我记得，某位教育专业人士曾经说过，理论和实践如同自行车的两个踏板，彼此互动，才能够持续保持平稳前进的状态。瑞吉欧模式的可贵之处就在于，理论研究和实践操作的紧密结合。瑞吉欧的教育专家、教研员和教师们以极大的热情和孩子一起活动，始终关注着孩子的状态以及活动的进展情况，适时、自然地根据孩子的兴趣和要求为他们提供各种媒介和帮助，创设问题情境，引发孩子的思考，促进主题的深化。一群与家长、社区成员、成千的儿童共同努力多年并拥有各类荣誉及专长的教师，建立了这样一个有效的体制。世界上再也没有一个地方可以发现这种在革新性哲学理论与实践之间，能有如此紧密结合、共生共存的关系存在。

望着手里的"麦穗"欢迎卡，我眼前浮现出田野里的小麦在农民的汗水里灌浆、在土地粗糙的抚摩里生长并最终结成累累硕果的过程。其实，孩子的成长就如同小麦的成长，需要教师智慧的思考和创造性的工作，需要丰富的教育环境与实践活动。瑞吉欧一行让我与同伴们感受到专业品牌的巨大震撼与感染力，它似乎在召唤全世界的幼教专业工作者，在充满希望的幼教田野里，和他们一起努力耕耘！

一个新手教师在专业领域里从迷茫、彷徨到发现、顿悟到成熟起来的过程，是教师专业成长的过程。在这个过程中，走出幼儿园，放眼看"世界"，显得尤为重要！放眼看"世界"，我们才能够收获属于自己的麦穗！

3. 教研"革命":学习型组织理论的启示

谈到教师的专业成长,就不得不提教研活动,因为教研活动是促进幼儿教师专业成长的重要途径;谈到教研活动,就不得不提学习型组织理论,因为如果没有学习型组织理论的启发,就不会有教研活动的变革,教师的专业成长之路也可能会因此变得更漫长。在我的专业成长过程中,对学习型组织理论给教研活动带来的"革命性"变化,我体会得最为深刻。

下面,我从学习型组织的五项修炼谈谈它给教研活动带来的变化。

(1) 自我超越

自我超越,是指教师通过学习扩展个人的能力,达到极限的自我实现或技巧的娴熟。教师一般都具有强烈的自我发展和提高的欲望以及自我超越的能力,关键是组织如何将它们充分地挖掘出来。其中,良好的组织气氛是关键,它可以在无形中鼓励所有成员自我发展,实现自己选择的目标和愿景。

变化一:从多次试教到两次试教。

过去:在观摩课正式展示之前,执教教师会试教一遍又一遍,在不断的"试误"中逐渐寻找合适的教学方法,无数的孩子成了大家试教的实验品。

现在:执教教师只能试教两次,对于这仅有的"两次机会",大家格外地珍惜。每次试教前,执教教师都会仔细地分析孩子的学习特点,认真地预设教学中可能存在的问题,并在头脑中形成多种"教学危机干预方案"。大家在"只试两次"中最大限度地激发了自己的潜能。

变化二:从专人主持到轮流主持。

过去:专人担当研讨活动的"主持人",教师作为参与"观众"胆战心惊、生怕被点到发言,专家则作为"邀请嘉宾"发表总结性评论。严肃的研讨气氛给老师们带来了巨大的心理压力，这一时期的研讨活动带有明显的"权威依从"的倾向。

现在：大家轮流主持，将轻松、活泼的游戏形式引入教研活动中，让老师们在游戏的情境中体验孩子们的学习心理，获得独特的感悟。教师轮流主持体现的不仅仅是民主参与，更是一种组织智慧的积淀，是一种促进教师专业成长的方式。

（2）改善心智模式

心智模式，即存在于人们大脑中的设想、信念、图像或印象。改善心智模式，就是不断地认识、澄清、反思、改进我们内在的思维世界，检视内在的思维方式是如何影响我们的行动和决策的。

变化：从文字呈现到情景模拟。

过去：主持人在引领大家去发现观摩活动中存在的问题，并组织大家分组讨论各种问题解决的策略后，会要求各组以"海报"的形式呈现讨论结果并进行交流。这些海报上呈现的文字仅仅是一些抽象空洞的原则或是一些老教师传递的经验，当教师想将"纸上文字"转化为实际教学行为时，通常会感到困难重重；新教师由于缺乏教育经验，更是"一头雾水"。

现在：主持人不仅引领大家去发现问题，更引领大家通过亲身实践去解决存在的问题，让参与者能明晰研讨的核心问题及问题产生的情境。例如，当观摩教师发现执教教师在朗诵诗歌的时候与钢琴伴奏渲染的氛围不协调时，主持人立即追问："大家觉得应该怎样将诗歌与伴奏匹配起来听起来才舒服？"随即又提议："如何处理好诗歌的朗诵与音乐的匹配？眼见为实，下面请刘老师（新教师）、王老师（音乐教学特长教师）和张老师（曾经执教过该活动的老教师）分别为大家朗诵，看看哪种方法更好？"老师们通过对三种朗诵风格的观察、分析、比较，轻轻松松地解决了教学问题，改善了自己的心智模式并很快能迁移到日常教学中去。

(3) 构建组织愿景

这要求组织的全体成员拥有共同的目标、价值感和使命感。在组织共同愿景的引导下，组织个体能不断地发展自我，不断超越自我，产生创造性的学习。

变化： 从主持人独自把握研讨问题到核心小组商讨核心问题。

过去： 主持人独自把握研讨问题。当他很难独自把握时，"看了这个活动，你们有什么想法"就成了他的一种"托词"。一旦有人提出"一点想法"，他立刻像找到"救命稻草"似的抓住不放，对于一个不知道是否有价值的问题"反复琢磨"。如果大家一股脑儿地提出许多问题，他就束手无策了，只有"期望"地看着专家。

现在： 观摩活动一结束，主持人、骨干教师与专家就组成"核心小组"进入了紧张的讨论状态。"观摩活动中存在的主要问题是什么？""有什么好的策略？"核心小组迅速研讨出核心问题及由核心问题可能衍生出的一系列问题，即"反思菜单"。这些问题既与教师的共同关注点有关，又是开放性的，具有一定的生成空间。犹如教师的"备课"一样，"核心小组"讨论的"核心问题"既有一定的框架，又有一定的弹性。核心小组的研讨为全体教师有效率的研讨做了前期准备，使研讨内容更有针对性、层次性和生成性。

(4) 团队学习

在现代组织中，学习的基本单位是团队而不是个人。团队的集体智能高于个人智能，团队具有整体搭配以实现共同目标的能力。当团队真正在学习的时候，不仅产生出出色的整体效果，成员成长的速度也比"单打独斗"的时候要快。在团队学习中，成员之间坦诚相见，充分表达自己的看法，并以开放的心态容纳别人的想法，拓宽自己的见识，避免迷失于细节之中而忽略问题背后的整体症结所在。

变化： 从轮流观摩到集体观摩。

过去： 教师按照班次轮流进行观摩，待全体观摩后再研讨。这样做使得观摩和研讨之间的时间间隔比较长，先观摩的教师必须等后观摩的教师，先观摩教师的观摩感受和闪现的思想火花很有可能在等待的过程中消失了，研讨效果也会因此受到影响。

现在：幼儿园一般会选择一个特定的时间段让全体参与教研的教师统一观摩（保育老师带班），随后核心小组研讨，最后全体教师研讨。根据研讨问题，教师可按年级组、擅长领域或工作年限等多种方式进行分组，并针对观摩活动中出现的问题进行讨论。主持人将不同层次与难度的问题抛给不同发展层次的教师，以适应不同教师的最近发展区。这种形式使得研讨的民主化程度进一步提高，互动性增强。

（5）系统思考

它要求人们运用系统的观点看待组织的发展，它引导人们从看局部到纵观整体，从看事物的表面到洞察其变化背后的结构，从对以静态思考方式为主的个体心智模式进行检查和修正，向以注重互动关系和动态变化的思考方式为主的共同心智转变。系统思考是塑造学习型组织的核心，也是开展变革行动的哲学与理论基础。

变化一：从任意选择、多个课题到统一课题。

过去：执教教师任选课题与课型，一次研讨，大家可能既要讨论小班的美术问题，又要讨论大班的科学问题。常常是刚将第一节活动课的核心问题讨论透彻了，主持人一看手表，"糟了，来不及了，大家要回去带班了"，于是赶紧将第二节活动课的讨论草草结束。有时候，主持人为了提高研讨效率，就会引导大家从两节活动课中寻找共同的问题。结果，问题是找到了，我们却发现它只是一节课的主要问题，而不是另一节课的主要问题，难啊！

现在：老师们相互协商上统一的课型，尤其是对于科学活动的研讨。于是，大家很容易发现存在于某一领域中的共性问题，解决了共性问题，也就等于解决了大多数老师的问题。例如，针对科学活动中幼儿探究空间的研讨，研讨之前，老师们先观摩了大、中、小班三位老师有关这个内容的教学活动。

这样大家在研讨的时候，就会细化到每个年龄段，从对一个问题片面的思考过渡到对问题系统的思考。

变化二： 从只说不做到既说又做。

过去：教师集体或分组进行讨论，将研讨的结果以"口头语言"（发言）或"书面语言"（海报）的形式呈现。教师说得起劲，大家听得有理。至于怎么做，大家是只说不做。等到下次研讨的时候，大家发现这个问题似曾相识，原来早已讨论过，只不过没有落实到行动上罢了。

现在：为解决研讨的问题，教师以整体性的视野，关注有关问题的一连串变化过程，在注重理论层面提升的同时，还关注行为层面的操作练习。例如，老师们在观摩了三个班的幼儿音乐律动活动后发现了一个共同的问题：如果让幼儿创新动作，就不能在既定的教学时间内实现音乐教学的目标；如果让幼儿单纯模仿，又有"没有给幼儿探究空间"之嫌。于是，大家对"如何解决幼儿动作创新与模仿的矛盾"进行了研讨。在交流讨论后，主持人让大家按教龄分组重新进行设计，并当众演示。通过"现学现卖"，老师们实现了注重互动关系和动态变化的思考方式。

下面，我通过展示一个教研活动流程图，让大家切实体会一下教研活动以"核心问题"为引导，启发大家进行系统思考，并以提出问题、收集信息、研究报告为线索构建组织共同愿景，通过核心小组研讨和群体互动研讨的团队学习方式，不断解决与提出新的问题，在改善个体心智模式的基础上实现教师的专业成长，即自我超越。其中，教师间的研讨是收集信息的重要过程，教师在研讨中达成的共识则是研究报告的主要内容。

教研案例：怎样体现语言活动的韵律美

活动背景 ▶▶▶

老师们观摩了三位教师分别进行的三个不同年龄层次的语言活动："熊宝宝的小芽芽""为什么我不能""拍花箩"。

活动目标 ▶▶▶

（1）通过语言活动的观摩确定问题：怎样体现语言活动的韵律美并通过实践解决问题？

（2）通过流畅生动的游戏形式进行自然的研讨，让老师们享受研讨的过程。

（3）通过合理的分组研讨形式，让老师们在研究性的学习共同体中相互支持，相互启发。

教研活动流程图 ▶▶▶

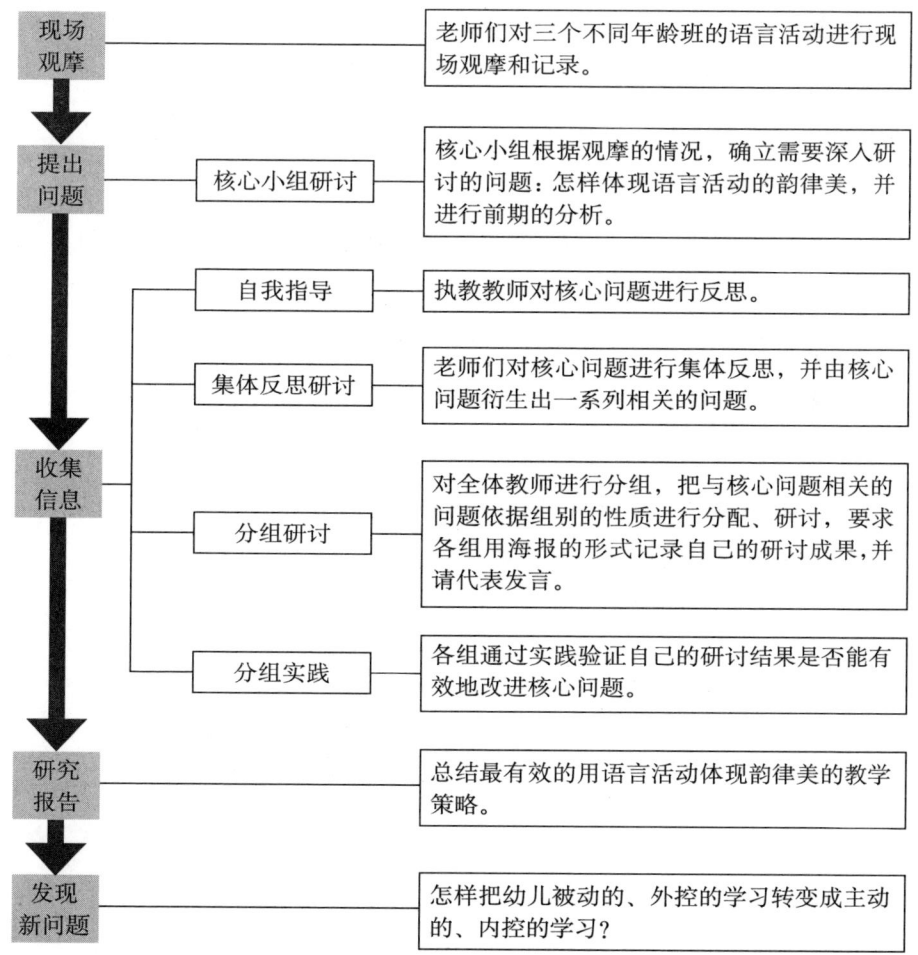

价值澄清 ▶▶▶

学习型组织理论在教研活动中的运用，事实上遵循"实践＋反思＝成长"的教师成长公式。它提倡反思性实践，让教师进行"行动的反思"，通过发现问题、解决问题、应用于实践的方式，使教师的教学和学习能力得到提高。学习型组织理论对于教研活动的价值归根结底主要体现在以下几个方面：

（1）营造宽松的学习气氛。良好的组织学习气氛是学习型组织建立的基础。教师的实践是研究，是一种充满游戏精神的研究。教师的研究应该变成让教师感受愉悦体验的心理过程。研究不应是严肃的讨论、刻板的操作，而应是游戏的经历，是欢乐的积聚，是享受的过程。

（2）建构互助研究团体。学习型组织是一种同伴互助团体，具有体现民主共建和团体反思的活动模式。通过内部推选、自荐，每一位教师都可能成为研究活动的主持人，施展个性化的主持风格。研讨中，经过核心小组的讨论，主持人根据不同层次教师的最近发展区，给予他们不同的研究问题，促进教师研讨的参与性与民主化，教师也会自然地将民主、平等的研讨氛围辐射到班级的教学状态中。

（3）促进教师专业成长。在团队学习中，教师进行着系统思考，不断改善着心智模式，实现着自我超越。研讨活动是由问题贯穿始终的，研讨的过程是教师思维启动与碰撞的过程，是在适宜的研究空间中发现问题、解决问题的过程。教师可以从中获得对自己活动的反思框架，将反思经验上升到理论程度，在解决问题的同时进行经验迁移。

4. 生态式管理：教师专业成长的平台

生态式管理强调管理者与组织成员之间的依存和对话关系。以组织的共同愿景为目标，管理者通过对人力、物力、财力、信息、时间、空间等资源的生态组合，通过对组织系统的各方面以及组织内与组织外各关系面多层次互生和互补的关系进行协调，来实现组织的生存与发展。生态式管理强调为组织成员营造一个富有创新、合作、良性竞争氛围的工作环境，为组织成员的专业成长提供一个有力的支持平台。

记得在我参加工作第一年的新年工作报告会上，园长用三个生动的小故事，向我们传递了生态式管理理念及其基本思想，揭示出简单明了的道理：教师的专业成长离不开良好的幼儿园组织环境。这无疑是给我们的最好的新年礼物。

故事1 从"花园的花"看组织的合作

一个精明的荷兰花草商人，从遥远的非洲引进了一种名贵的花卉，种植在自己的花圃里，准备等花开的时候卖上个好价钱。第一年的春天，他的花开了，花圃里万紫千红。第二年的春天，他发现花没有去年开得好。到了第三年的春天，令这位商人沮丧的是，那些名贵的花，花朵变得更小了，花色更差了，完全没有了它们在非洲时的那种雍容和高贵。非洲人年年大面积、年复一年地种植这种花，他们并没有发现这种花会退化。商人百思不得其解，于是便去向一位植物学家请教。

植物学家问商人："你这花圃的隔壁是什么？"商人说："隔壁是别人的花圃。"植物学家又问："他们种植的也是这种花吗？"商人摇摇头说："这种花在荷兰，甚至整个欧洲也只有我一个人种，隔壁花圃里种的是郁金香、玫瑰、金盏菊之类的普通花卉。"

植物学家沉吟了片刻说:"我知道你这名贵之花开得不再漂亮的原因了。尽管你的花圃里种满了这种名贵之花,但你隔壁的花圃却种植着其他花卉。你的这种名贵之花被风传播了花粉后,又染上隔壁花圃里其他花的花粉,所以你的名贵之花一年不如一年,越来越不雍容华贵了。"

商人问植物学家该怎么办。植物学家说:"谁能阻挡住风传播花粉呢?要想使你的名贵之花不失本色,只有一种办法,那就是让你邻居的花圃里也都种上这种花。"商人采纳了植物学家的建议,把自己的花种分给了邻居。次年春天花开的时候,商人和邻居的花圃几乎成了这种名贵之花的海洋。

故事1给幼儿园管理带来的启示是,幼儿园要培养幼儿教师合作联动的思维方式。

商人在与邻居分享美丽、共同培植美丽后,重新拥有了一片高贵的花的海洋。从这一个例子中,我们可以受到这样一个启发:从生物到人类都存在一条无形的环环相扣的、相互依存的链——合作。应用在幼儿园管理中,合作原则要求管理者应以共同愿景鼓舞组织中的每个成员,以合作联动的思维方式去引导每个成员和每个部门,逐渐使每个成员都学会这种思维方式,真正做到"制度上分,目标上合;职能上分,思想上合;工作上分,情感上合"。这种合作联动的思维方式被我们称为"四顶'思考帽'思维方式"(见下表)。

白色"思考帽"	客观分析事实和数据。
红色"思考帽"	判断行为(建议)的积极影响。
黑色"思考帽"	思考行为(建议)可能产生的负面效应。
绿色"思考帽"	思考行为顺利实施涉及的人员或部门。

从上述表格中,我们可以发现,在思考问题的时候,这四顶"帽子"是要依次戴的。例如,幼儿园保健医生提出建议,幼儿不能随便带异物来园。

面对这个建议,首先,老师们要戴上"白色'思考帽'"进行客观分析,观察并发现有多少幼儿有此类情况。数据不同,处理方式也不同。随后,老师们要先戴上"红色'思考帽'"判断这个建议的积极影响——可以保证幼儿安全;再戴上"黑色'思考帽'"想想把这种建议(在幼儿来园的时候,教师摸幼儿口袋)付诸实施之后可能会产生哪些消极影响——怕家长提意见,认为不尊重孩子,侵犯孩子的权利。最后,老师们还要戴上"绿色'思考帽'"思考一下,这项工作可能涉及的联动部门及工作内容,如家长宣传,老师配合教育、检查,保育员配合午睡关注等。四顶"帽子"依次戴过之后,接下来,老师们就要联动其他部门和其他人员一起配合行动,以保证幼儿的安全。

要将合作联动的观念深入幼儿园每个教师的心中,幼儿园既要有一种规范化的合作模式,即个体与各个群体都必须遵循的合作规范,又要有心向型的合作模式,即通过管理者有策略的引导使组织成员自然地趋于合作,并在合作的过程中得到愉快的体验。具体策略为:

①制定合作制。建立一系列的合作制度与规范。例如,我所在的园为了保证幼儿的营养膳食平衡,制定了保健部门与厨房部门合作联动的制度——保健师和厨师在每餐时同时巡班,观察幼儿的进食量、菜肴的质量等,然后依此制定食谱。

②形成合作链。在工作管理过程中,幼儿园也应注重心向型合作模式的建立,合作链的形成就是其中一个重要的环节。幼儿园在管理过程中应逐渐形成一条不断调整的合作互动链,包括层级合作链和保教合作链。

合作链条的强度取决于最薄弱的一环的强度。幼儿园的合作链中最弱的一环是保育员与教师的互动。保育员不仅是勤杂工和幼儿的生活照料者,还必须要学会配合教师进行教育工作,这是由幼儿园独特的工作特点决定的。但是,如何促使他们与教师进行互动呢?规范化的合作模式在这里是很难"大展拳脚"的,幼儿园应该以心向型的合作模式来进行引导。在这方面,我们园采取了一系列的合作联动措施。例如,幼儿的种植园地以往都是由教师带领幼儿进行种植,为了让保育员参与种植园的科学教育,同时也考虑到保育员在种植方面的知识比教师丰富，幼儿园提出，一是带领幼儿进行种植活动时以保育员为主，教师配合；二是各班种植园地的植物品种不能重复，最好是有的班种搭架的植物，有的班种爬藤类的植物，有的班种豆类植物，有的班种块茎类植物等；三是每个保育员必须在学期结束时写出一份如何引导幼儿种植、观察，并进行管理的流程回顾和教育经验总结。这几项要求是在运用隐性生态调控的方式，促使保育员和教师形成心向型的合作模式。因为保育员要完成这几项工作必须经常与教师共同备课，向教师讨教。这个过程能让他们体验到教师的艰辛，让他们加强学习与思考，让他们逐渐积累一些教育经验，也能促进他们与教师的合作与协调。在每学期结束时，幼儿园会组织教师共同观摩种植园地，进行考核与评比，给予保育员成功的体验。更重要的是，老师们能通过这个活动发现保育员身上丰富的教育资源。

故事2　从"生态位现象"看组织成员之间的竞争

一天，在俄罗斯的某座城市里，一个戴眼镜的中年人走进一间实验室，将一种叫双小核草履虫和一种叫大草履虫的生物，分别放在两个相同浓度的细菌培养基中。几天后，这位中年人发现这两种生物的种群数量增长都呈S型曲线。接着，他把这两种生物又放入同一环境中培养，并控制一定的食物，16天后，他发现，培养基中只有双小核草履虫自由地活着，而大草履虫却消失得无影无踪。在其培养过程中，他对现场进行过仔细观察，没有发现有一种虫子攻击另一种虫子的现象，也未见两种虫子分泌出什么有害物质，只发现双小核草履虫在与大草履虫竞争同一食物时增长比较快，将大草履虫赶出了培养基。于是，中年人又做了相反的一个实验，他把大草履虫与另一种袋状草履虫放在同一个环境中进行培养，结果两者都能存活下来，并且达到一个稳定的平衡水平。这两种虫子虽然也竞争同一食物，但袋状草履虫占据食物中不被大草履虫竞争的那一部分。

做这个实验的中年人，叫格乌司，人们把他的这种发现称为格乌司原理，也叫"生态位现象"。

"生态位现象"对所有生命现象而言是具有普遍性的一般原理，它不仅适用于生物界，同样适用于人类。它给予我们的启示是，竞争是大自然的生存法则，也是组织成员的生存法则。大自然为每一个或每一群人都提供了一个适应其生长的特殊环境——"生态位"，且每一个"生态位"都具备一定的优势。组织成员或者组织要做的就是发现自己的"生态位"，这也是哲学探究的最高目标——认识自我。

故事2给幼儿园管理带来的启示是，幼儿园要引导教师之间进行有序合理的竞争。

一个组织的发展与壮大，需要组织成员之间的竞争，以竞争促进个体素质的提高，进而提升整个组织的素质水平。问题是，管理者如何开展一种有序的、良性的竞争。现代竞争的最终结果，追求的不再是"单赢"，而是"双赢"和"多赢"。现在，有些幼儿园运用末位淘汰制的竞争方式，确实在一定程度上能使教师尤其是那些专业素质水平低的教师产生危机感。但是，幼儿园的管理者一定要注意，对于这种竞争策略一定要做生态化的调整。这种生态化调整指的是，在幼儿园发展的不同阶段，园领导一定要审时度势，通过分析园所的发展状况、教师的精神状态和能力水平等各种因素，改进竞争方式。例如，在变革初期，幼儿园采用末位淘汰制的方式，能有效激活教师的工作状态；但是，当幼儿园经过变革已具有一定的活力时，管理者要做的就是维持变革的动力，引导教师找到自己的"生态位"，促进教师之间的良性竞争。

为此，园领导首先要引导教师寻找自己的优势与特点，让教师感受到独特性是自我发展的基础，成为特色教师。特色教师是从特点教师发展而来的，园领导要鼓励教师发现自己的特点，这个特点就是教师的"生态位"。管理者要进行特点式任务分配和任务引导，使每个教师能充分地认识自我，客观地评价自我，使每个人都能感受成功的快乐。例如，在我们园，有位教师性格有些内向，她认为自己各方面的表现都不突出，缺乏自信。园长了解到她的特长是美术后，便让她负责幼儿园的陶艺工作室，研究幼儿陶艺教育，并开发了很多有趣的幼儿陶艺课题。"生态位"的确定使这位教师的特长得到了充分发挥，使她增强了自信，感受到了成功。

故事3 从生物的进化看组织的成长

20世纪初，在英国乡村，每天早上，牛奶厂都会请送奶工将没有盖子的牛奶瓶送到顾客的家门口。但是，没有盖子的牛奶瓶也为其他小动物提供了觅食的便利性。其中，山雀鸟与红知更鸟就可以不费力气地享用那些漂浮在牛奶上层的乳脂。经过科学研究发现，这种送奶方式引起了鸟类的进化，鸟类找到了更有营养的食物，同时消化系统也相应进行了某种调适，以应对特殊的养分变化。

后来，厂商应顾客的要求，在牛奶瓶上加装了铝制封盖，鸟类的这个食物通路就此关闭，一切似乎已经结束。但是，到了20世纪50年代初，研究人员发现，瓶子封装曾一度引起红知更鸟数量的下降，其原因是红知更鸟中只有少数学会了刺穿的方法，但是这种方法并没有扩散到其他的红知更鸟。而几乎所有的山雀鸟都学会了用坚硬的喙刺穿铝制封盖的方法，重新开启了这条食物通道。这种现象证明，习惯于集体行动的山雀鸟，较彼此排他性强的红知更鸟，拥有更强的环境适应力，使自己拥有更多生存空间与进化的机会。因此，虽同属鸣禽类，山雀鸟却比红知更鸟更能适应环境的变化。

这个故事告诉我们，一个组织要想发展壮大，应学会进行集体学习以应对社会变化。

故事3给幼儿园管理带来的启示是，幼儿园要通过创新、社会传导让教师团队尽快发展起来。

幼儿教师的发展也像生物进化一样，要通过不断的学习与创新寻找发展的机会。在创新、社会传导、加强流动性三种观念引导下的幼儿园能让教师团队尽快地成长起来。

创新是指组织有能力根据环境的变化，充分利用环境以及现有的资源，改善原有的经营行为，或者创造出新的经营模式与利润增长点。对一个幼儿园来说，幼儿园的生命决定于教师的创新能力、知识管理与合作分享能力，以及对变革的适应能力。幼儿园的发展需要教师有能力根据社会环境的变化，创造出新的发展模式。

社会传导是指一个组织习惯于团队活动，善于在团队内进行沟通、传播和分享知识，能迅速将个体创新技能及时传送到群体，直至发展出具备更强竞争力和发展能力的整体技能。我所参加的核心组，是由园领导班子、名师、学科带头人和市青年优秀教师组成的 8 人组，被称为"核心激荡小组"。这个小组在园内是社会传导的重要组织，负责团队的学习与知识的传播。这个核心组的自我发展、自我更新、自我调控能力较强，这种强核心的辐射层面也很大，有时一种在小范围内进行的关于某种决策的"脑力激荡"，能够层层扩散，使得全体教师参与其中。

我所在的幼儿园一直在实施生态式的管理，浸润在这样的组织文化氛围中，我更加感受到，教师的发展离不开幼儿园这个有力的支持平台。因为幼儿园鼓励教师进行合作联动的思维方式，在遇到问题时，我能够理性地进行思考，寻求各种外援的支持，大大提高了解决问题的效率；因为幼儿园引导教师发现自己的"生态位"，进行教师之间的良性竞争，我重新审视了自我，找到了自己的教学兴趣点，专业能力得到了提高，人也变得更加自信；因为幼儿园提倡创新和社会传导，我更加体会到团队学习的魅力，对幼儿园的归属感也变得更为强烈。

5. 讲述课程故事：给予幼儿自主学习的空间

用叙事的方法讲述教育实践中的点点滴滴并进行回顾与反思，是现在很多幼儿教师喜欢做的事情。每一个故事都包含着背景、冲突以及教师的反思、调整和再反思。在下面的"树叶身份证"案例中，故事背景是，在浓浓秋意中，教师和幼儿收集了各式各样的树叶，要用拓印的方法制作"树叶身份证"。故事冲突是，幼儿想迁移"蔬菜印画"的方法制作"树叶身份证"，但是由于经验不足和蜡笔使用不当导致了失败和场面混乱的情况。教师反思后通过现场调整支持了幼儿的自主尝试。活动结束后，教师进行再次反思时意识到自己的"伪自主"理念导致只把少得可怜的创作空间留给幼儿"自主"活动，应该真诚接纳和积极保护幼儿的"探究与自主意识"。又如，在"不期而遇的精彩"案例中，教师经过反思后认识到幼儿的奇思妙想和大胆探索往往是课堂中的智慧源泉，应顺应幼儿的需求，舍弃原先预设的集体阅读环节，让他们充分质疑和提问，鼓励他们依据自己观察到的画面线索大胆推测、想象故事情节的发展并讲述故事。

树叶身份证

故事背景 ▶▶▶

浓浓秋意中，我和孩子们收集了各式各样的树叶。然后，大家一起把树叶擦干净，夹在书里仔细地压平。在收集、整理树叶的过程中，孩子们对树叶有了很多新的发现，如树叶的质地、颜色、厚度、叶脉的特点等。他们对即将利用树叶开展的活动充满期待。

活动开始，我出示范例，向孩子们介绍了将纸覆盖在树叶上，然后用蜡笔平涂制作"树叶身份证"的方法。孩子们看到后又惊讶又兴奋，迫不及待地选择材料开始拓印。

冲突呈现 ▶▶▶

"老师，琳琳把叶子弄坏了！桌子都被弄脏啦！"忙碌而又融洽的气氛被告状声打破。很多孩子循声围过去观看，场面一下子显得混乱起来。

"琳琳，不可以乱涂叶子，我们要爱护材料哦！"我用略带责备的口气说道。

"老师，我没有……"琳琳嘟着嘴说道，一副委屈的样子。

再看琳琳的树叶，只见她用红的、黄的、蓝的油画棒将树叶背面涂满了。不过，由于叶子表面不易着色，所以看起来颜色不够均匀、清晰，而且有的地方已经被擦破了。

看着自己的树叶，听着同伴们的批评，面对皱着眉头的我，琳琳"哇"的一声哭了起来。

反思与调整 ▶▶▶

我很诧异：琳琳是一个认真细心的小女孩，平时无论是绘画还是手工操作都追求轮廓流畅、涂色细致。可是，她今天怎么会出现这样的问题呢？是她没有看清楚我的示范还是另有原因？

于是，我先安抚周围的孩子："大家去制作自己的'树叶身份证'吧。"然后，我蹲下来帮琳琳擦干眼泪："你为什么把蜡笔直接涂在树叶上呢？"

琳琳止住哭声说道："老师，拓印的'树叶身份证'不太清楚。我想把颜色涂在树叶上，再印到纸上，这样一定会更清楚些。可是，蜡笔把树叶都涂坏了。"

我恍然大悟：原来，琳琳是在迁移"蔬菜印画"的方法制作自己的"树叶身份证"。只是她经验不足，不知道蜡笔和颜料之间的差异，导致了失败。不过，她这种大胆尝试的行为，不正是我们需要真诚接纳和积极保护的"探究意识"吗？

我提高声音告诉孩子们："原来琳琳想参照蔬菜印画的方法，把树叶涂上颜色后再印在纸上呀！这真是一个不错的想法。不过，蜡笔好像涂不到树叶上呢，你们有没有什么好办法？"几个孩子立刻建议："可以使用颜料！"我鼓励琳琳："想不想试试？美工区里就有颜料！"

琳琳一蹦一跳地取来喜欢的颜料，按照自己的想法开始操作起来。另外几个小朋友也嚷嚷起来："老师，我也要用颜料拓印！"我同意了，并且鼓励大家："你们想用自己的方法做'树叶身份证'吗？都可以试一试哦。"

活动室里立刻热闹起来，孩子们四处寻找自己需要的材料，细心地操作着。一会儿，用白纸拓印的、用颜料拓印的、用橡皮泥拓印的"树叶身份证"就呈现在了眼前，丰富而又别致。

再次反思 ▶▶▶

虽然今天的活动最后以孩子们多样的探索和丰富的作品结束了，但是我忍不住反思：其他小朋友为什么视琳琳的操作方式为"破坏"呢？为什么我的第一反应是批评和责备她呢？沉思许久，我意识到这应该来自我潜意识里"伪自主"的教育理念。

尊重幼儿、自主学习的号角已在幼儿园吹响多年，但在实际教育过程中，我们很多时候还是习惯以"指导"的名义直接教给幼儿技能与方法，或者将大部分空间用来"指导"幼儿，将少得可怜的空间留给幼儿"自主"。时间久了，多数孩子成了"技能的复印机"，失去了自主的意识，或者习惯于在那一点点的"自主"空间里活动。在本次活动中，幼儿一开始只拥有对树叶种类和蜡笔颜色的自主选择权，对拓印方法、材料种类、合作方式、作品评价展示等则没有置喙的余地。

事实上，制作"树叶身份证"原本就可以有不同的方式。如果我一开始就给幼儿多一些机会和空间去尝试、探索，那么他们会是什么样的状态呢？我想象着：幼儿对着树叶仔细琢磨，四处寻找材料尝试……作品效果如何不敢奢望，不过有一点可以肯定：当他们失败时，一定不会像琳琳一样大哭了，而是皱着眉头说："哎呀，这个方法不行，再换别的方法试试吧。"

孩子自主学习的空间有多大，取决于教师对自主理念的深入理解和努力践行。要真正做到这一点，我们还需要时时反省、处处努力。

不期而遇的精彩

故事背景 ▶▶▶

今天的"餐具总动员"绘本教学活动，我的预设方案是：先让幼儿自主阅读，通过观察、猜想、讲述让幼儿初步熟悉故事内容，然后再集体阅读，通过交流讨论、倾听验证等策略引导他们充分理解故事情节。

冲突呈现 ▶▶▶

和幼儿简单交代了故事的题目和人物后，活动就进入了自主阅读环节。因为这本书的内容比较多，所以活动前我做了充分的准备：先对比歌子大妈生病前后厨房的变化，引导幼儿发现第二幅图中的歌子大妈不见了。至于剩下的内容则用书夹夹了起来，引导幼儿进一步观看。孩子们一拿到书，便迫不及待地翻看了起来，彼此间还讨论着："歌子大妈在煮蛋呢！""不是，是在煎鸡蛋！煮鸡蛋不用平底锅。""这个叉子在餐桌上做运动呢！""哈哈哈，勺子躺在柜子上打呼噜，鼻子里还在冒泡泡呢！"……被绘本里的餐具吸引，孩子们交流得很热烈。我暗自高兴：对绘本内容感兴趣，正是一个成功的阅读活动不可缺少的因素！

自主阅读结束了，我提问："读完这几页，你有什么发现？""歌子大妈家的餐具为什么和我们家的不一样？"昊昊说道。"这些餐具怎么长了眼睛？"欣欣说。"它们还有表情！""是的，他们还在说话，还在织毛衣呢！"其他小朋友附和着……孩子们议论开来。可是，这些并不是我想要的答案，看来问题需要再直接些。

"厨房里谁不见了？她怎么了？"我开门见山地问道。"歌子大妈不见了。"涵涵举手回答。我暗喜：孩子们还是会观察的。"老师，为什么她家的餐具和我们的一样，却有手有脚呢？"洋洋的一句话，又把问题转了回去。看来，得先解决这个问题，我的课堂才能继续下去。

"是餐具们被施了魔法呢！"这样的回答更符合这群刚上中班的孩子们的思维。但是，我的这句话似乎又打开了孩子们的话匣子，教室里开始了新一轮的讨论："那它们都有法术喽？""它们会不会有超能力？"几个男孩子似乎联想到动画片《超人》里的情节。"它们是被巴啦啦小魔仙施的法术！"……女孩们也浮想联翩。

我惊叹于孩子们的想象力，可又被这岔远的话题搞得哭笑不得。

反思与调整 ▶▶▶

我该怎么办？还要按照预设的程序走下去吗？显然，孩子们的兴趣已经被"魔法"吸引，把他们拉回我的预设轨道，只会让课堂停留在"老师问，幼儿答"的被动局面。不如顺应孩子的需求，舍弃原先预设的集体阅读环节，让他们充分质疑和提问，鼓励他们依据自己观察到的画面线索大胆推测、想象故事情节的发展并讲述故事，这不也顺应了《3—6岁儿童学习与发展指南》中"倾听与表达"的能力培养要求吗？

想到这儿，我的心中豁然开朗！我再一次提问："你还在书里发现了什么？歌子大妈不在家，这群被施了魔法的餐具们会干什么？图片告诉我们发生了什么故事？你们来猜猜！"孩子们一下子被我的问题吸引住了。教室里安静片刻，昊昊第一个举起了小手："餐具们趁着大妈不在家，可能会在灶台上举行运动会。我看到勺子在做比赛前的热身运动，它肯定是运动健将。"昊昊的回答起到了抛砖引玉的作用，我不禁带头为他鼓掌，肯定他观察细致。孩子们热情高涨，纷纷举手踊跃表达："它们会去参加国王的舞会，会在12点之前回家。""歌子大妈都是一个人在家，她都是一个人吃早餐。她的孩子都去很远的地方工作了，她很寂寞。餐具们有爱心，想和她成为朋友，陪她说说话！""餐具们会在洗菜池里来一场游泳比赛，还可以跳水！""它们可以在洗菜池里洗澡，加点洗洁精做个泡泡浴！""歌子大妈去菜市场买菜了，餐具们想做顿早餐，给她惊喜！"孩子们各抒己见，都亮出了自己的观点。原本有些尴尬的课堂又一次焕发出勃勃生机，出现了不可预约的精彩。

再次反思 ▶▶▶

在今天的课堂上，我没有将预设进行到底，然而却有意料之外的精彩与收获。我庆幸自己没有死抱"预设"，而是抓住契机，及时关注到了孩子的需求。孩子的奇思妙想和大胆探索往往是课堂中的智慧源泉，为师者需要敏锐地捕捉到它们。这样的活动不完全是预设的结果，但这样的课堂上有着师幼之间真实的情感、活跃的思维，这样的课堂才是成功的课堂！教师需要精心预设教学过程、方法和问题，但也需要善用生成性的教学资源，做生成信息的裁判者。只有这样，才能在面对课堂的意外情况时，从容不迫地与孩子对话，化"意外"为"不期而遇的精彩"。

6. 成长档案袋:"工作和思想的博物馆"里的故事

"档案袋"一词源于英语"portfolio",意译就是"带着走的作品集"。最初主要是指那些画家、摄影师把自己最满意的作品收集在一起,带去给自己的委托人看,争取展出或出版。它的这种荟萃优秀作品进行展示的功能引起了社会其他许多领域的关注。在20世纪80年代末,美国斯坦福大学教师评价项目组第一次探索和尝试了在教师教育中使用档案袋进行评价的可能性。进入20世纪90年代,档案袋开始作为一种评价工具在全美的大、中、小学广泛地发挥作用,并影响到世界其他许多国家和地区。

教师档案袋的产生源于行动研究的传统。行动研究要求研究者把教师对教育教学问题的回应方式及过程以档案的形式予以保留,以便把它作为日后对教师的教育教学问题进行诊断和指导的依据。教师成长档案袋主要包括四个方面的内容:个人职业生涯规划以及对专业教学标准和组织发展目标的理解;教师工作范例;教师反思记录;在与他人合作对话中得到的经验。教师成长档案袋以其翔实、生动和原生态的信息优势架起了管理者与教师之间、教师与教师之间沟通的桥梁。

教师成长档案袋是一种成长记录。它是教师专业成长的记录袋,记录着教师在专业成长过程中的收获与困惑、感悟与感动、智能与情感,是教师"工作和思想的博物馆"。档案袋系统地积累了教师的实践活动与研究过程。教师成长档案袋是一种学习工具。它是教师反思的"引擎"。其建设过程其实就是教师反思学习、表现学习的过程。教师成长档案袋就是教师一段成长历程的缩影。下面这三篇教育随笔是从我同事的成长档案袋中摘取的。

【教育随笔1】

带领孩子们散步时，他们常会问我一些问题。虽然我自认为"对付"这些小毛孩绰绰有余，但也有让我措手不及的时候。

今天上午，散步回来路过教室走廊的盆栽时，孩子们指着一些我不知名称的盆栽问我那是什么花。我一脸尴尬，只能说："老师也不知道，老师回头问问咱们幼儿园的园艺工人，再告诉你们好吗？"虽然孩子们没有再追问，但是我却为自己的知识浅陋而感到羞愧。

下午轮到我休息，我请教园艺工人了解了这些盆栽，并把这些盆栽的名字和它们的相关小知识打印在纸上，塑封好贴在了它们的花盆上。这样，以后老师们再遇到这类问题时，就可迎刃而解了。同时，这件事也向我敲响了警钟：只有进一步拓展知识面，加强知识修养，我才能从容面对孩子们的问题。

【教育随笔2】

在今天开展的主题活动中，我为孩子们准备了一些材料，教他们制作"小纸偶"。孩子们看了我的演示操作后，一个个跃跃欲试，都想做一个属于自己的"小纸偶"。结果，大多数孩子还没制作完成，这节课的时间就到了。看着孩子们一副心不甘情不愿的样子，我答应他们下午活动时让他们接着做。

下午起床后，保健医生通知我班的孩子测量体重。当我带着孩子们整队准备下去时，姚宇航突然说："老师，你不是说让我们做'小纸偶'吗？"经他这么一提，我想起了上午对孩子们的承诺，心中不觉有些羞愧：竟然"骗"起孩子来了。我向孩子们解释了原因，并答应他们第二天让他们做"小纸偶"。

对孩子们说的话，一定要实现，只有这样才会加深他们对你的信任。可不能小看这件事，否则很可能会因此失去在孩子们心目中的威信！

【教育随笔3】

在我们的眼里，力力是一个乖巧、能干的小男孩，从不用我们为他操心。

由于我班的第五桌孩子较为调皮,我就将原本坐在第二桌的力力调到了第五桌,希望在他的带领下,第五桌孩子的不良行为能有所改进。

力力的妈妈特别重视教育,经常主动和我们沟通。今天,在与力力妈妈面对面交谈的过程中,她告诉我:"力力这两天回家说在幼儿园不开心,他不和他的好朋友恺恺坐在一起了。"我听了一愣,回想到力力坐在第二桌时确实是和恺恺坐在一起的,但从力力日常的行为表现来看,我并没有觉察到他坐在第五桌是不开心的。我把我的想法与事情的原委告诉了力力的妈妈,她表示了理解,同时也希望我能考虑重新调整一下座位。

在和力力妈妈交谈的过程中,她的一句话给我留下了深刻的印象。她对力力说:"我不仅是你的妈妈,也是你的朋友,你有什么开心或不开心的事情都可以告诉我。"回到教室后,我把这句话转送给了我们班的孩子:"我是你们的老师,也是你们的朋友,你们有什么开心或不开心的事情都可以告诉我。"

是的,有些时候我们确实忽视了这一问题:孩子们在幼儿园里生活得是否开心?我决定从今天开始,每天都问一问孩子:"你今天在幼儿园过得开心吗?"

教师成长档案袋也是一种评价方式。它记录着教师对教学目标的理解、教师对教学的自我反思性评价、教育管理者和指导专家的建议与评价,这一切构成了一个多元化的评价体系。档案袋是每个人故事的收藏,如果说幼儿的档案袋收藏着他们人生路上成长的点滴、精彩的片段,那么,教师成长档案袋则收藏着他人反馈与自我反思中让教师成熟与完善的精彩历程。

记得我们园在开展江苏省省级子课题"挖掘与利用民间艺术资源 提升教师艺术文化修养"时,对于如何使教师在幼儿园美术教学所涉及的民间艺术资源的挖掘与利用中获得长足发展,幼儿园有一个新的设想:给教师建立"课题研究档案袋",建立"一步一个脚印"的评价模式。在每一次的课题活动开展中,课题组必须与任课教师共同反思活动过程并给予教师具体的评价,让教师根据档案袋中的记录不断地进行自我反思、自我完善,在反思中规范,在规范中提升艺术文化修养。"课题研究档案袋"推出后,老师们十分关注。

他们经常把"档案袋"拿出来反思，研讨其中的"记录"。面对评价，他们对自己的教学思考得多了，一份份"课题研究档案袋"记录了教师教研、发展的全过程。

以下是我们园一位青年教师一年里的"课题研究档案袋"片段展示，足以见证它对课题研究、教师成长、组织发展起到的促进作用。

档案袋片段1：民间艺术课题研究课——麦秆画

情景再现 ▶▶▶

在多功能室，我带领孩子们观赏各种工艺麦秆画。这些麦秆画制作精美、形象逼真，引得孩子们啧啧赞叹："真美！真好看！""老师，这个真的好漂亮！""我们真的可以学会制作这些漂亮的麦秆画吗？"我就孩子们的问题一一做出回答，并向他们补充介绍了麦秆画的工艺，特别介绍了民间麦秆画工艺大师夏玉民"变废为宝"的故事。孩子们听得非常认真。随后，我示范引导孩子们亲手制作麦秆画。

教师心语 ▶▶▶

兴趣是学习的动力和源泉！本节活动课，我通过实物本身的自然色彩、多变的形态所制造的美感，加上富有传奇色彩的民俗背景介绍，为孩子们的学习营造了良好的艺术环境，并让孩子们通过看、摸、玩这些麦秆画，使他们产生浓厚的探究欲，为随后的学习制作做了极好的铺垫。我认为这是这节课的成功之处。感谢课题组为我提供了和孩子们共同成长、共同研究的平台。

课题组反思评价（评价等级：A）▶▶▶

可以说，这是一堂挺不错的民间艺术课，亮点很多：首先，你通过让幼儿看、听、摸、玩等多感官的参与，使他们对麦秆画的天然材料、制作步骤、用途有了进一步的了解，对麦秆画自然产生了"中华一绝，巧夺天工"的深刻感受；在第二个环节，你介绍了民间麦秆画工艺大师夏玉民"变废为宝"的故事，使幼儿对麦秆画兴趣倍增、情有独钟，营造了良好的艺术氛围。整个教学过程渗透着浓浓的情感，活动细腻精彩，可见你的用心。唯一的不足就是，应考虑到整个教学活动有一定的难度，可以分节进行。

相比以前，你有很大的改进：运用各种方法激励幼儿，使得整个活动都充满活力；敢于放手让幼儿自由思考了；活动的层次很清楚，重点的内容也紧紧把握住了；活动简单而实在；幼儿对民间艺术的兴趣提高了，对民间艺术的博大精深有了更进一步的了解；你的语言能力有了很大的提升，过渡自然，引导到位，点拨及时。

给你的建议：希望你在以后的教学中更加自信。当做足了准备站在幼儿面前时，你就应该相信自己是一个优秀的老师。如果每一堂课都是这样精心设计的，幼儿将受益匪浅，你也会从中得到很大的提高。真的很高兴听到你这样的课。

档案袋片段2：年级组研究活动——班级民间艺术区域活动评比

情景再现 ▶▶▶

在带领孩子们参观园林、向他们提供了精美的图片和实物模型后，我创设了区域游戏"园林"，启发他们用生活中一切可用的物品来制作组合。于是，在孩子们的小巧手下，生姜变成了"假山"，土豆切一切搭成了"房子"，胡萝卜插个帆变成了"小船"，绿豆当"鹅卵石"，再找个废旧的蛋糕盒把它作为底座，把这些"创意"组合在一起。后来，孩子们觉得不够美，还缺树和人。在我的引导下，他们用树叶当"小树"，再用橡皮泥捏了几个快乐的"小朋友"……我的引导点燃了孩子"智慧的火把"，他们还做了他们心目中的"小区园景"。

教师心语 ▶▶▶

创设一个富有美感的环境，可以激发幼儿对美的事物的兴趣，营造浓郁的民间艺术氛围，促使幼儿在这样的环境中获得丰富的审美体验，从而提高他们对民间艺术作品所蕴含的美的感知能力。同时，好动是幼儿的最大特点，抓住这一特点，我为幼儿提供了动态性、亲近性、共享性和开放性的环境，引导幼儿的好动性，使他们在区域中学习民间艺术知识，动手创造，锻炼思维。

课题组反思评价 ▶▶▶

从幼儿的兴趣和需要出发，你精心设置并实实在在地开展了区域活动，环境创设得也非常到位。

在材料准备上略显不足，你可以和幼儿共同收集操作材料。在游戏材料投放时，你应考虑到层次性和多样性，定时开展游戏活动，注重将积累的游戏经验进行及时总结、反思和交流。建议你和幼儿共同设计一个图文并茂的游戏规则，相信你会有意想不到的收获。

很高兴看到你能突破民间传统艺术的设计模式，有自己的思考与设想，这是作为年轻教师难能可贵的地方，也是你更快成熟的基石。作为一个新教师，你对区域游戏的深入体会需要更多的积累，经常请教一下组内老师，阅读一些有关民间艺术课题实施的教育杂志，以后你的教学活动会越来越好！

档案袋片段3：学期阶段性评价

幼儿园每学期都要求教师进行民间艺术课题研究自我评价，促使教师进一步反思，提升自己的教学水平和民间艺术素养，同时对课题组教师的研究活动进行阶段性的综合评价，收入档案袋，为教师下一步的研究指明方向。

教师心语 ▶▶▶

对于自己的民间艺术教学，我感觉在备课、材料上所花的精力较多，而对活动中的一些细节重视不够。这提醒我在以后的教学中要注意：其一，应把握时机，适当鼓励幼儿。密切关注幼儿的活动进程，敏锐察觉幼儿的动作、表情等所显示出的求助信息，根据幼儿的情感需要给予必要及时的支持和引导。其二，应了解幼儿间的差异，因材施教。对能力水平不同的幼儿，有针对性地采用适宜的指导方法，可以是材料的提供、语言的提示、动作的暗示或者直接的示范等。其中，对话式的互动交流应该是一条"捷径"，我会尝试走走。其三，对幼儿活动的指导应循序渐进，层次分明。刚开始时，幼儿自主能力相对较弱，我对幼儿活动指导的频率和范围就要高些、广些；伴随幼儿自主能力的提高，我应适当减少指导，以突显幼儿的自主学习。

在课题实施中，我有较强的参与意识，但对课题研究活动的创新能力不够。张老师的"民间艺术知多少"知识竞赛、郭老师的"民间知识辩论赛"、朱老师的"走访民间艺术大师"等活动形式都让我大开眼界。今后，我要提升自己在课题研究中的理论和实践相结合的能力以及反思研究能力。

课题组反思评价 ▶▶▶

正如你说的那样，你的各个方面，包括自身的艺术素养、区域活动设计指导、对媒体的应用、对艺术研究课的设计处理等，都从一种生涩正逐步走向成熟。在本学期的"教师民间艺术才能展示"中，你展示的刺绣和剪纸艺术有很大的进步。在一次次反思、一次次改进中，你在不断地进步。这是值得祝贺的！我们看到了你的努力，当然，我们对你的期望更高！

下一个阶段，你要努力沉浸到课题的创新研究中，更多地思考如何开展课题教学，注意可以挖掘的细节。现在，你已经比较注重活动的设计，但更应注意活动设计不是凭空的，必须是为教学服务的，必须让幼儿自然地接受！对每一次活动都有自己的设计、见解，并清楚地把握重点，这才是你更高的目标。

每个学期，我们都要把自己的规划、展望写下来收藏进档案袋，激励自己；把自己的劳动成果、获得的荣誉保存下来收藏进档案袋，鼓励自己；把自己对某个问题的探索过程、对专业资源的分析、对实践活动策略运用的反思和对幼儿个案的追踪写下来收藏进档案袋，提升自己；把与家长的沟通交流、与同事的专业合作写下来收藏进档案袋，温暖自己。在这种循环式的补充—激励—鼓励—审视过程中，我们的专业足迹与成长心路便会一览无余。当我们的专业发展层次分明的时候，我们的专业成长步伐才能迈出坚实的一步又一步。

由此，我们可以发现，制作教师成长档案袋既是捕捉实践智慧的需要——透过丰富的实践信息和线索，研究者可以比较容易地发现教师专业成长的规律和实践智慧的来源，又是实现多元评价的需要；既是进行教学问题诊断的需要，又是形成教学风格的需要。因此，一个年轻教师在完成从新手教师，经历漫长的发展阶段，成长为成熟型、创新型教师的过程中，必然要有一份自己的成长档案袋。

日子在指缝间悄然溜走。似乎只是一眨眼的工夫，我在幼儿园已经工作好多年了。在这些年里，我从原先不谙世事的小姑娘变成了一个真正的"孩子王"。细数这些年来的点滴，追忆已经走过的岁月，我真是感慨万千：那些曾经吃过的苦、流过的泪，都不再算什么，因为那些付出真的使我成长了许多，懂事了许多，收获了许多。那些故事，那些点滴，今天娓娓道来，充斥心中的只有满满的温暖和感动。当我怀揣着这颗感恩与感动的心感悟那份沉淀的成长时，我仿佛看见那个走向成熟的自己，激越而美丽！这时，我的耳边想起了那首歌：

闪亮的日子

我来唱一首歌　古老的那首歌
我轻轻地唱　你慢慢地和
是否你还记得　过去的梦想

那充满希望　　灿烂的岁月
你我为了理想　　历经了艰苦
我们曾经哭泣　　也曾共同欢笑
但愿你会记得　　永远地记着
我们曾经拥有　　闪亮的日子
……

参 考 文 献

［1］Hendrick J. 学习瑞吉欧方法的第一步［M］. 李季湄，等，译. 北京：北京师范大学出版社，2002.

［2］Katz L G. 与幼儿教师对话：迈向专业成长之路［M］. 廖凤瑞，译. 南京：南京师范大学出版社，2004.

［3］Martin-Kniep G O. 捕捉实践的智慧——教师专业档案袋［M］. 夏惠贤，等，译. 北京：中国轻工业出版社，2005.

［4］Senge P M. 学习型学校：第五项修炼教育篇［M］. 杨振富，译. 台北：天下远见出版股份有限公司，2002.

［5］Tsui A B M. 追求卓越——教师专业发展案例研究［M］. 陈静，李忠如，译. 北京：人民教育出版社，2003.

［6］欧用生. 教师专业成长［M］. 台北：师大书苑有限公司，1998.

［7］台湾幼儿教育改革研究会. 来！说我们的故事：幼教师的专业成长［M］. 台北：心理出版社有限公司，2003.

［8］王少非. 在经验与反思中成长：案例开发与教师专业发展［M］. 济南：山东人民出版社，2008.

［9］姚伟. 中外幼儿教育名著解读［M］. 南京：南京师范大学出版社，2007.

［10］尹坚勤. 反思能力的提高需要长期的积累［J］. 学前教育，2008（1）.

［11］尹坚勤. 教育叙事研究：一种每个教师都可以运用的研究方法［J］. 早期教育，2004（10）.

［12］尹坚勤. 幼儿教师反思的再辨析与培养路径探究［J］. 学前教育，2008（7）.

［13］尹坚勤. 幼儿园教育活动案例精选［M］. 南京：南京师范大学出版社，

2002.

［14］尹坚勤．重视培养反思能力［J］．师范教育，2004（6）．

［15］尹坚勤，朱晓春．教师教育的管理策略思考［J］．天津师范大学学报，2004（5）．

［16］周旻．从理念到行为［M］．北京：中国经济出版社，1996．

［17］周南照，赵丽，任友群．教师教育改革与教师专业发展：国际视野与本土实践［M］．上海：华东师范大学出版社，2007．

万千教育 学前教育书目

书号	书名	著、译者	定价(元)
幼儿园区域活动指导			
1935	幼儿园户外环境创设与活动指导（全彩）	董旭花 等 著	72.00
2103	幼儿园社会区材料设计与评价（四色）	王微丽 霍力岩 主编	60.00
1950	幼儿园科学区材料设计与评价（全彩）	王微丽 霍力岩 主编	60.00
1951	幼儿园生活区材料设计与评价（全彩）	王微丽 霍力岩 主编	60.00
1782	幼儿园数学区材料设计与评价（全彩）	王微丽 霍力岩 主编	60.00
1800	幼儿园语言区材料设计与评价（全彩）	王微丽 霍力岩 主编	60.00
2598	幼儿园艺术区材料设计与评价（全彩）	王微丽 霍力岩 主编	60.00
9613	幼儿园区域活动——环境创设与活动设计方法（全彩）	王微丽 主编	60.00
9149	小区域，大学问——幼儿园区域环境创设与活动指导	董旭花 等 著	30.00
9548	幼儿园创造性游戏区域活动指导（角色区·建构区·表演区）	董旭花 等 编著	32.00
9549	幼儿园自主性学习区域活动指导（生活操作区·美工区·益智区·科学区）	董旭花 等 编著	35.00
0156	幼儿园区域活动现场指导艺术——透视38个区域故事	董旭花 等 著	38.00
9134	如何有效实施幼儿园主题性区域活动	秦元东 等 著	24.00

7937	幼儿园科学区（室）——科学探索活动指导117例	董旭花 主编	28.00
幼儿园区域活动指导合计			**679.00**
幼儿园园所管理			
2102	破解幼儿园园长的50个管理难题	苏晓芬 等 著	48.00
1784	幼儿园危机管理策略与实例	周丛笑 等 编著	52.00
1596	幼儿园安全管理策略	张春炬 李芳 主编	42.00
0039	园本培训促进幼儿教师专业发展	晏红 著	32.00
9883	幼儿园教研活动设计与实施	莫源秋 著	32.00
9620	幼儿园保育员工作指南	伍香平 等 主编	20.00
9438	幼儿园园长的领导艺术	任民 李迎春 著	32.00
9006	幼儿园园长临场应变技巧50例	卢俊 著	20.00
9012	幼儿园园长易犯的80个错误	伍香平 主编	25.00
幼儿园园所管理合计			**303.00**
幼儿行为观察与应对指导			
2308	0—8岁儿童纪律教育——给教师和家长的心理学建议（第七版）	蔡菡 译	72.00
9138	幼儿行为的观察与记录（第五版）	马燕 等 译	32.00
2045	幼儿问题行为的识别与应对——给家长的心理学建议（第二版）	冯夏婷 主编	58.00

……
欲了解更多图书信息，请登录：www.wqedu.com
联系地址：北京市西城区三里河路6号院2号楼213室　万千教育
咨询电话：010-65181109，65262933

*本目录定价如有错误或变动，以实际出书为准。